DUMONT
DIREKT

Valencia

Daniel Izquierdo Hänni

Inhalt

Das Beste zu Beginn

Sommergefühle auch im Winter
Der Stadtstrand von Valencia bietet nicht nur sommerlichen Badespaß, an der breiten Strandpromenade mit ihren Restaurants kann man auch während der kühleren Monate die Sonne genießen. Kalt und grau zu Hause, wohlig warm in Valencia.

Valencianische Fülle des Lebens
»Ein Fest für die Sinne«, im Mercado Central trifft die Redewendung den Nagel auf den Kopf! Der Zentralmarkt von Valencia ist nicht nur eine Perle der Jugendstilarchitektur, sondern auch ein buntes, lebensfrohes Drunter und Drüber an Farben und Gerüchen, ein Kommen und Gehen von Besuchern und Händlern.

Mein Lieblingsmoment in Valencia
Das mediterrane Abendlicht, so sagen auch Maler oder Fotografen, hat in Valencia einen ganz besonderen, warmen Farbton. Dies ist wohl einer der Gründe, weshalb die Abendstunden auf der Plaza de la Virgen für mich zu den schönsten Momenten des Tages gehören.

Einfach schön
Die Bauherren und Architekten um 1900 haben nicht einfach nur Häuser gebaut, dank der spanischen Version des Jugendstils, dem Modernismo, haben sie Valencia eine Vielzahl an kunstvoll verzierten Fassaden und wunderbaren Bauten geschenkt. Beim Spaziergang durch das Ensanche-Viertel wird einem dies immer wieder von Neuem vor Augen geführt. Vor allem mit dem Mercado de Colón.

Social Food
Mit ihrer Paella sind die Valencianer die Erfinder des geselligen Essens. Bis eine echte Paella zubereitet ist, vergeht rund eine Stunde, die bei einem Schwatz und leckeren Tapas verfliegt. Und bei einer echten Paella essen alle direkt aus der Pfanne, die in der Mitte des Tisches steht. Probieren Sie es aus, am besten in einem der Restaurants am Strand.

Sich dem Charme der Altstadt hingeben

Enge Gassen, versteckte Plätze, vernagelte Eingänge und wunderbar hergerichtete Häuser, das findet man im historischen Viertel El Carmen. Die Altstadt Valencias zieht gerade aufgrund des Miteinanders von Alt und Neu, von gestern und heute die Einheimischen und Gäste in ihren Bann. Hier gilt es, sich treiben zu lassen und die Patina Valencias auf sich wirken zu lassen.

¡!

Besonderer Apfelsinensaft

Agua de Valencia ist nicht etwa das Leitungswasser der Stadt, sondern eine Mischung aus spanischem Sekt, Orangensaft und etwas Hochprozentigem. Gönnen Sie sich ein leckeres Gläschen, zum Beispiel im Café Infanta. Prickelnd und erfrischend stillt das Valencianische Wasser nicht nur den Durst …

Man spricht kein Deutsch

Valencia wird erst jetzt von ausländischen Touristen entdeckt. Das bedeutet aber auch, dass die Menschen vielleicht gerade mal ein paar Worte Englisch können. Also, haben Sie keine Hemmungen ihre spanischen Wortbrocken anzuwenden, die Valencianos werden es schätzen und alles daran setzen, sich mit Ihnen zu verständigen.

Unvergesslicher Rundumblick

Bevor Sie Valencia wieder verlassen, empfehle ich Ihnen zum Schluss noch(mals) auf den Miguelete-Turm zu steigen. Dort oben haben Sie eine wunderbare Sicht über die verschachtelte Altstadt, das Hinterland und das Mittelmeer mit der Costa Blanca am Horizont. Eine Rundumsicht, die Sie als Erinnerung für immer mit nach Hause nehmen werden.

Nach 40 Jahren Schweiz war klar: Die nächsten 40 Jahre möchte ich in der Stadt meines Vaters verbringen, umringt von (m)einer typisch spanischen Großfamilie. Gesagt, getan – jetzt ist Valencia mein Zuhause.

Fragen? Erfahrungen? Ideen?

Ich freue mich auf Post.

@ *Mein Postfach bei DuMont:*
izquierdo@dumontreise.de

Das ist Valencia

Echtes, authentisches Spanien! Das ist Valencia. Zwar drittgrößte Stadt Spaniens gehört die Mittelmeermetropole trotzdem zu den unbekannten Destinationen des Landes. Zum Glück! Sie ist im Gegensatz zu Mallorca nicht fest in deutscher Hand und auch Demonstrationen besorgter Einwohner ob explodierender Touristenzahlen wie in Barcelona sind Fehlanzeige. Hier ist Spanien noch Spanien. Manche behaupten, Valencia stünde im Schatten dieser beiden großen Schwestern. Nur, wer Spanien etwas kennt, der weiß: Unter der gleißenden Sonne des Mittelmeers sind die Schattenplätze die Besten.

Eine ›erdige‹ Stadt, ...

Valencia liegt am Mittelmeer, oder doch nicht? Das Stadtzentrum zumindest nicht. Es liegt nicht am Wasser, sondern ein paar Kilometer von der Küste entfernt im Landesinnern. So hat auch nicht so sehr die Seefahrt, als vielmehr die Landwirtschaft die Wirtschaft der Region und den Charakter ihrer Menschen geprägt: Einst der Scholle verhaftet, sind Valencianos praktisch und pragmatisch veranlagt. Gutes Beispiel hierfür ist die Paella, im Ausland irrtümlich als gesamtspanische Nationalspeise verstanden, hat sie ihren Ursprung in den Reisfeldern im Süden Valencias. Traditionell waren es die Reisbauern, bei denen die Paella auf den Tisch kam, als gemeinsames Mahl für alle: schlicht und einfach ein Eintopf. So ist es bis heute üblich, dass man die Paella mit dem Löffel direkt aus der Pfanne isst. Diese gesellige Art das Essen zu teilen, gilt übrigens auch in gehobenen Restaurants.

... die sich dem Meer geöffnet hat

Valencia lebe, so hieß es einst, mit dem Rücken zum Meer. Früher schaukelte eine Straßenbahn durch weite Orangenfelder vom Zentrum bis zum Seebad gleich neben dem Hafen. Und noch Mitte der 1980er-Jahre fuhr man mit dem Auto nicht *an* den Strand, sondern direkt *auf* den Strand, nachts, um Party zu machen. Dann beschlossen die Stadtplaner, Valencia zum Meer hin zu öffnen. Eine kilometerlange Uferpromenade entstand, gesäumt von Palmen und Restaurants, und der Strand erhielt Spielanlagen, Rollstuhlrampen und Duschen. Heute muss der Stadtstrand von Valencia, die Playa de la Malvarrosa, den Vergleich mit berühmten Badedestinationen nicht scheuen.

Nachhaltig aus der Rezession

Doch Valencia hat auch harte Zeiten hinter sich, haben doch Rezession (2009–13) und Mauscheleien der Lokalpolitiker ein Riesenloch in der Stadtkasse hinterlassen. Gerade Großprojekte wie etwa die Ciudad de las Artes y las Ciencias oder der Umbau des Hafens haben Abermillionen verschlungen, die man eigentlich gar nicht hatte. Frischen Wind brachte nicht nur die wieder besser laufende Wirtschaft des Landes, sondern auch eine neue Stadtregierung, welche die alte Bürgermeisterin ablöste, die 24 Jahre am Stück die Geschicke Valencias bestimmt hatte. Man bekam ei-

Abends mit Freunden in den Altstadtgassen unterwegs sein, Tapas, Tinto de verano oder ein Bierchen – einfach das Leben – genießen.

nerseits die Finanzen wieder in den Griff, andererseits setzte man bewusst auf nachhaltige Projekte wie etwa die Idee, aus dem topfebenen Valencia eine Fahrradstadt zu machen. Und es funktioniert: Es radeln immer mehr Valencianos und Touristen durch die Stadt.

Vivir la vida

Es sind denn auch die einfacheren Dinge, die das Leben in Valencia ausmachen. Es sind mediterrane Gelassenheit und Lebensfreude, die den Charakter seiner Einwohner prägen. Vielleicht dank der Sonne, die 300 Tage lang über der Stadt scheint. So spielt sich das Leben vor allem in den Parks und auf den Märkten, auf den Promenaden und in den Straßencafés ab. An einem Januartag an der Malvarrossa sitzen und sich von der Wintersonne wärmen lassen. Oder an einem Sonntag einen gemütlichen Spaziergang durchs Stadtzentrum unternehmen, Tapas und Bierchen selbstverständlich inklusive. Dabei lassen sich die Valencianos nur selten aus der Ruhe bringen, allenfalls bei Debatten über die Lage der Nation, oder über König Fußball. Geselligkeit ist Trumpf, sei es in der Familie, im Beruf oder im Freundeskreis. Gut für Sie, für Besucher aus anderen Teilen der Welt, denn alles andere als menschenscheu, kommen die Valencianos einfach gern mit anderen, auch mit ›Fremden‹, ins Gespräch. Kein Wunder also, dass selbst weitgereiste Valencianos unisono behaupten, dass man nirgends so gut lebe wie in ihrer Stadt. Zwar mag das Pro-Kopf-Einkommen niedriger sein als in Mittel- oder Nordeuropa, die Pro-Kopf-Lebensfreude jedoch ist dafür zweifelsohne höher. *Vivir la vida,* das Leben genießen, lautet denn auch das Motto in Valencia. Und das kann auch der Besucher der Stadt erspüren, miterleben. Lassen Sie sich auf die valencianische Version des Dolce Vita ein und genießen Sie die Stadt und das Leben.

Valencia in Zahlen

2

Sprachen werden gesprochen – Castellano und Valenciano.

2

Mal hat es der FC Valencia in das Finale der Champions League geschafft.

6

km ist das Stadtzentrum von der Mittelmeerküste entfernt.

9

km lang ist die Parkanlage im alten Flussbett des Turia.

10

€ kostet in etwa ein Mittagsmenü in einem Lokal, das auch Einheimische besuchen.

17

Markthallen haben von Montag bis Samstag geöffnet.

19

Bezirke zählt die Stadt.

21

unterschiedliche Orangensorten kommen aus Valencia.

59

Buslinien führen kreuz und quer durch Valencia.

60

m breit ist der Sandstrand der Malvarrosa.

120

kg Knallkörper werden während einer Mascletá verpulvert.

200

€ kostet das Knöllchen fürs Falschparken.

207

Stufen führen auf den Miguelete-Kirchturm hoch.

300

Sonnentage im Jahr – mindestens

500

verschiedene Tierarten bevölkern den Oceanográfico-Unterwasserzoo.

520

Jahre lang herrschten die Mauren.

700

Fallas-Monumente brennen in der Nacht des 19. März.

55 000

Fußballfans passen ins Mestalla-Stadion.

106 820

Trachtenträger/innen nahmen im Jahr 2018 an der Ofrenda de Flores teil.

417 002

PKWs rollten 2017 vom Band der Ford-Fabrik am südlichen Stadtrand.

73 559 877

t wurden im Hafen von Valencia umgeschlagen (2018).

5000

kg Reis wurden für die größte Paella der Welt verwendet.

Was ist wo?

Die meisten Sehenswürdigkeiten in Valencia sind gut zu Fuß erreichbar, ist doch das Stadtzentrum nicht besonders groß. Die öffentlichen Verkehrsmittel brauchen Sie eigentlich nur, um etwa vom Flughafen ins Zentrum oder von dort an den Strand hinauszufahren.

Der Stadtkern

Die Straßen und Plätze innerhalb der ersten Ringstraße bestehend aus den *calles* Colón und Guillén de Castro sowie dem Turia-Flusspark bilden das Herz von Valencia, im Volksmund schlicht Centro genannt. Dabei bilden die **Plaza del Ayuntamiento** (Karte 2, E 4/5) mit dem Rathaus und der Hauptpost, die **Plaza de la Reina** (Karte 2, E 3) mit der Kathedrale sowie der **Parterre-Stadtpark** (Karte 2, F 4) mit dem angrenzenden Warenhaus El Corte Inglés sozusagen ein zentrales Dreieck, in dem auch die meisten Buslinien der Stadt zusammenkommen. Absolutes Must-see im Stadtkern ist der **Mercado Central** (Karte 2, D/E 4).

Ciutat Vella

Zum Stadtkern gehört aber auch die historische Altstadt, die aus mehreren Vierteln besteht. Am bekanntesten ist zweifelsohne der **Barrio del Carmen** (Karte 2, D/E 2/3), weshalb oft die ganze Altstadt als El Carmen bezeichnet wird. Ausgangspunkt, um die verwinkelten Gassen zu entdecken, ist die nicht direkt in El Carmen gelegene **Plaza de la Virgen** (Karte 2, E 3) gleich hinter der Kathedrale.
Das El-Carmen-Viertel ist deshalb so populär, weil auf seinen Plätzen und in seinen Gassen gerade abends und nachts viel los ist. Es ist das Ausgehviertel Valencias schlechthin: Kneipen und Klubs, Restaurants und Boutiquen lassen einen hier gut und gerne vergessen, dass man am nächsten Tag eigentlich wieder aufstehen sollte.

Ensanche

Die wie ein Schachbrett angeordneten Straßen des Ensanche entstanden Ende des 19. Jh. im Zuge einer Stadterweiterung und gelten heute als beste und teuerste Adresse Valencias. Geprägt wird das Stadtbild von wunderbaren Jugendstilbauten, unbestrittenes Highlight ist der **Mercado de Colón** (F 5) mit seinen schicken Cafés und Gourmetlokalen. Vor ein paar Jahren wurden mehrere der Querstraßen zwischen der Calle Colón und der Gran Vía Marqués de Turia neu gestaltet: Die Bürgersteige wurden verbreitert, Bäume gepflanzt und sogar Fahrradparkplätze geschaffen.

Extramuros

Zwischen der ersten und der zweiten Ringstraße, im Süden der Ciutat Vella, erstreckt sich der Stadtbezirk Extramuros, was so viel wie außerhalb der Stadtmauern bedeutet. Dabei handelt es sich um ein eher bescheidenes und somit aber auch authentisches Wohnviertel. In diesem Teil Valencias, das an den Turia-Flusspark angrenzt, befindet sich auch der **Botanische Garten** (C 3) der Stadt, weshalb die Gegend oftmals auch als **Botánico** bezeichnet wird.

Barrio de Ruzafa

Bis vor einigen Jahren war **Ruzafa** (E/F 6/7) ein heruntergekommener Stadtteil, in dem Emigranten aus Marokko und China mit alteingesessenen Spaniern zusammenlebten. Im Zuge der Sanierung der angrenzenden Gleise des Bahnhofs hat sich dieses Multikulti-Viertel nun zum Trendspot Valencias entwickelt. Innovative Restaurants und trendige Bars haben sich hier niedergelassen und machen aus Ruzafa ›the place to be‹.

Cabañal

Jenes Valencia, das sich entlang der Mittelmeerküste ausbreitet, wird auf Grund der ursprünglichen Zersiedelung als Poblats Marítims (maritime Dörfer) bezeichnet. Ursprünglich ein Fischerdorf vor den Toren der Stadt ist Cabañal auch heute noch ein in sich geschlossener Bezirk, in dem Tradition und Moderne aufeinandertreffen. Rund um die quirlige **Markthalle** (🕮 Karte 4, A 4) finden sich noch die typischen, einstöckigen Wohnhäuser von einst. Der im Zuge des 32. America's Cup neu gestaltete **Hafen** mit modernen Bauten wie dem **Veles e Vents** (🕮 Karte 4, Ba/Ca 5) bilden den modernen Kontrapunkt.

Campanar

Wo vor wenigen Jahren noch Orangenbäume und leere Fabrikhallen standen, erheben sich heute moderne Stadtbezirke wie etwa Campanar am nordwestlichen Stadtrand. Hochhäuser säumen die **Avenida de las Cortes Valencianas** (🕮 A 1), an deren Ende sich der **Palacio de Congresos** (🕮 Karte 3) befindet, entworfen vom britischen Stararchitekten Sir Norman Foster.

Avenida de Francia

Zwischen dem Turia-Flusspark und den breiten Zufahrtsstraßen zum Hafen ist während des Baubooms Anfang des 21. Jh. ein ganz **neues Wohnviertel** (🕮 J 6, K 6/7) in die Höhe gezogen worden. Lange Zeit standen diese Wohnungen leer, in den vergangenen Jahren jedoch hat sich diese Gegend Valencias mit Leben gefüllt. Nicht zuletzt aufgrund der Nähe zur Ciudad de las Artes y las Ciencias, der Stadt der Künste und der Wissenschaften, sind in dieser Gegend zahlreiche Einkaufszentren entstanden. Auch haben hier eine ganze Reihe Hotels und Restaurants eröffnet.

Augenblicke

Lecker fruchtig wie das Leben

In Mittel- und Nordeuropa gilt die Orange beinahe als exotische Frucht, in Valencia wächst sie nicht nur im Umland auf den Feldern, sondern auch mitten in der Stadt. Irgendwie verkörpern die Südfrüchte auch das Lebensgefühl dieser Mittelmeermetropole: Im Winter, wenn es im übrigen Europa kalt und ungemütlich ist, leuchten die reifen Früchte satt in der warmen, wohligen Wintersonne. Und: Apfelsinenbäume verlieren nie ihr Laubwerk, sind das ganze Jahr hindurch grün. Ein Dasein auf der Sonnenseite des Lebens.

Zeitgeist, ganz unprätentiös

Der Altstadtbezirk El Carmen ist nicht nur das historische Zentrum Valencias, seit eh und je trifft man sich hier auch auf ein Bierchen. Heute sind die Gassen und Plätze quirliger denn je, voller Kneipen und kleiner Läden. Typisch Valencia: El Carmen ist auch ein Schmelztiegel der Generationen, denn in dieser Stadt ist keiner zu jung und keiner zu alt, um das Leben zu genießen. Alt und neu, Tradition und Zeitgeist spiegeln sich nicht zuletzt im Herzen des Carmen.

Ohrenbetäubendes Leben

Was für viele Touristen lediglich Krach und Chaos ist, ist für die Valencianos Lebensfreude pur – das absolute Highlight des Jahres. Denn mit den Fallas verabschieden die Menschen dieser Stadt nicht nur den Winter mit ohrenbetäubenden Feuerwerken, beim Frühlingsfest im März lassen sie auch ihrem Spott gegenüber der Obrigkeit freien Lauf, entbieten der Schutzpatronin Valencias mit einem bunten Blumenumzug ihre Verehrung und feiern auf den Straßen und Plätzen bis spät in die Nacht die Ankunft des Frühlings.

Ihr Valencia-Kompass

#2

Valencias Seele –
Plaza de la Virgen

#3

Ein Fest der Sinne –
der Mercado Central

Im Zeichen des Wassers

EIN DRUNTER UND DRÜBER AN FARBEN UND GERÜCHEN

#1

Das Herz der Stadt –
Plaza de la Reina

Ein HOCHZEITS-GESCHENK mit Turm

WOMIT FANGE ICH AN?

VOM NIEMANDSLAND ZUM SUPERSTRAND

#15

Das ganze Jahr Strandfeeling – **Playa de la Malvarrosa**

CALATRAVAS SPIELWIESE

Sport und Leben im Fluss

PYROMANEN UNTER SICH

#14

Die Stadt in der Stadt – **Ciudad de las Artes y las Ciencias**

#13

Valencias Lebens-ader – **Jardines del Turia**

#12

Laut und geistreich zugleich – **Fallas, das Frühlingsfest**

#4

Einstiges Zentrum der Macht – **die Lonja de la Seda**

#5

Der Reiz der Patina – **Barrio del Carmen**

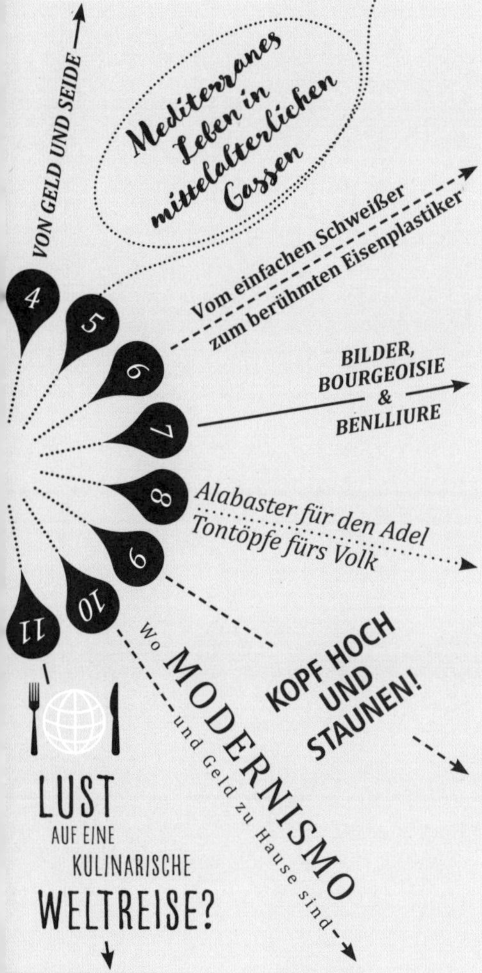

#6

Valencias Kunstmuseum der Moderne – **IVAM**

#7

Eintauchen in das Valencia von einst – **Casa-Museo Benlliure**

#8

Kunstvolle Keramik – **Palacio del Marqués de Dos Aguas**

#9

Fassadenwatching – **zwischen Bahnhof und Rathaus**

#11

Multikulti-Viertel – **Ruzafa**

#10

Das elegante Valencia – **Ensanche**

1

Das Herz der Stadt – **Plaza de la Reina**

Kein anderes Wahrzeichen verbindet der Rest der Spanier so eindeutig mit der Stadt Valencia wie den Kirchturm El Miguelete. Und in der Tat ist man auf der Plaza de la Reina im Herzen der Mittelmeermetropole.

Nicht nur Reisende finden Gefallen am Königinnenplatz, die Valencianos bevölkern ihn ebenso gerne. Auch wenn sie kein Interesse an den Touristensouvenirs haben …

Ich schenke meiner Verlobten zu unserer Hochzeit einen eigenen Platz! Das dachte sich König Alfonso XII, als er am 23. Januar 1878 in der Kathedrale von Valencia María de las Mercedes d'Orléans heiratete, und ließ die Gebäude gegenüber dem Marientor der Kathedrale abreißen. So entstand die **Plaza de la Reina,** ein Hochzeitsgeschenk, auf dem Sie es sich heute zwischen kleinen Orangenbäumen gemütlich machen können. Ebenfalls wie eine Königin thront der **Miguelete-Kirchturm** 1 über diesem Platz. Er wirkt

geradezu grazil, steht er doch frei neben der Kathedrale und ist nicht wie sonst üblich Teil des Sakralbaus. Vielleicht ist diese ›Unabhängigkeit‹ einer der Gründe, weshalb der Miguelete für die Valencianos weit mehr ist als nur ein Glockenturm: Er ist das Wahrzeichen ihrer Stadt.

Siebeneinhalb Tonnen schwer und trotzdem scheint sie über Valencia zu schweben – die Glocke Namens Michael respektive Miguel, Namensgeber des Kirchturms.

Blick auf die Costa Blanca

Wenn Sie bereit sind, die 207 Stufen der schmalen Wendeltreppe in Angriff zu nehmen, werden Sie auf 51 m Höhe mit einer fantastischen Aussicht belohnt! Unter Ihnen liegt die verschachtelte Altstadt, am Horizont schimmert das Mittelmeer und gegen Süden hin zeichnet sich die Costa Blanca ab. Und Sie sind hier oben dem 7,5 t schweren Michael besonders nah. Die größte der Glocken wurde 1539 gegossen, ist auf den Namen Miguel getauft und somit Namensgeberin des Turmes, auf dem Sie stehen.

Eine Kathedrale, drei Portale und drei Epochen

Die **Kathedrale von Valencia** 2 entstand großteils zwischen dem 13. und 15. Jh. und vereint romanische, gotische und barocke Elemente, was man bestens an den drei Torbögen erkennen kann. Das **älteste Portal** 3 führt auf die kleine Plaza de la Almoina und ist romanischen Ursprungs, die gotische **Puerta de los Apóstoles** 4 hingegen geht auf die Plaza de la Virgen hinaus. Unter den steinernen Jüngern versammelt sich jeden Donnerstag um 12 Uhr das Wassergericht von Valencia, und das schon seit 1000 Jahren! Der Haupteingang zur Kathedrale, die **Puerta de los Hierros** 5, stammt aus dem Jahr 1703. Das dreistöckige Barockportal ist mit zahlreichen Säulen und Heiligenfiguren verziert und der Mutter Gottes gewidmet. Deshalb auch das geschwungene ›M‹ für Maria gleich über dem Bogen des Eisen-(*hierro*-)Tores.

Wie zu einem filigranen Teppichmuster ist das Glas im Rosettenfenster der Kathedrale gefügt – und im mediterranen Licht besonders schön anzuschauen.

Versteckte Goya-Bilder

Betritt man die Kathedrale, hat man zunächst das Gefühl, sich in einem nüchternen Gotteshaus zu befinden, denn die Säulen und das Deckengewölbe sind recht schlicht gestaltet. Alles andere als schmucklos sind jedoch die verschiedenen Kapellen. Sollten Sie sich für klassische Malerei interessieren, so müssen Sie unbedingt jene **Kapelle** aufsuchen, die San Francisco de Borja gewidmet ist. Die beiden Ölgemälde an den Seitenwänden stammen von niemand geringerem als Francisco de Goya, einem der wohl bekanntesten Maler der spanischen Geschichte. Die beiden Werke aus dem Jahr 1788 stellen den Marqués de Llombai sowie (rechts) Francisco de Borja dar.

Den Mittelpunkt der Kathedrale markieren die 40 m hohe **Kuppel** sowie der **Hauptaltar** mit zwölf Ölgemälden, die alle das Leben der Jungfrau Maria darstellen. Zwei spanische Schüler von Leonardo da

INFOS/ÖFFNUNGSZEITEN

El Miguelete 1**, Kathedrale von Valencia** 2**:** www.catedraldevalencia.es, Mo–Sa 10–17.30, So/Fei 14–17.30, Sommer bis 18.30 Uhr, letzter Einlass 45 Min. vor Schließung, Kathedrale 7 €, El Miguelete 2 €

Iglesia Santa Catalina 6**:** Pl. de Santa Catalina s/n

Valencia Bus Turistíc: Pl. de la Reina, www.valenciabusturistic.com (► S. 113). Hier starten drei unterschiedliche Rundfahrten.

Pferdekutschen: Nicht wirklich zu empfehlen sind die Pferdekutschen, denn auch mit einem PS bleibt man oft im Verkehrsstau stehen.

KULINARISCHES FÜR ZWISCHENDRIN

Rund um die Plaza de la Reina gibt es ein Vielzahl an Restaurants und Cafés, die gerne von Touristen bevölkert werden. Auf unkomplizierte Art Tapas essen kann man etwa in der **Taberna de la Reina** 1 (Plaza de la Reina 1, T 963 15 22 14, www.grupolareina.com, tgl. 9–24 Uhr). Alle Tapas werden hier mit Zahnstochern auf einer Brotscheibe aufgespießt. Sie schnappen sich einfach einen Teller und nehmen sich, was Ihnen gefällt. Allerdings ist auch Ehrlichkeit angesagt, denn abgerechnet wird nach Anzahl der Zahnstocher. Solche unter den Tisch fallen zu lassen ist irgendwie Zechprellerei.

Wenn Sie es lieber etwas anspruchsvoller hätten, so ist das **La Lola** 2 (► S. 92, Subida del Toledano 8) zweifelsohne das richtige Restaurant. Im Schatten des Miguelete bietet Inhaber Jesús seinen Gästen innovative Gerichte, frisch zubereitet mit dem, was es an diesem Tag im Mercado Central zu kaufen gibt.

Schon mal ein Eis mit Tortillageschmack gegessen? Oder mit Linsenaroma? **Linares** 3 an der Plaza de la Virgen 96 (Ecke zur Plaza Santa Catalina) bietet neben den geläufigen Geschmackssorten auch Exotisches an. Wer's wagt …

Cityplan: Karte 2, E 3 | **Bus** 4, 6, 8, 9, 11, 16, 28, 70, 71, Reina

Vinci, Hernando de Llanos und Hernando Yáñez, arbeiteten ab 1507 gemeinsam an diesem Werk.

Wo die Köpfe rollten

Bei einem Spaziergang rund um die Kathedrale lassen sich ein paar Kuriositäten entdecken. Schließen Sie die Augen und ertasten Sie die Kathedrale von Valencia am Modell rechts vom Haupteingang am Rand der kleinen Parkanlage. Durch die enge Gasse kommen Sie zum **romanischen Kirchentor** an der Plaza de la Almoina. Neben dem rechten Torbogen, etwa auf Hüfthöhe, sind tiefe **Kerben im Mauerstein** zu erkennen. Genau! Hier wetzte der Henker sein Beil, mit dem er die Todesurteile der spanischen Inquisition ausführte.

Folgt man der Kirchenmauer ein paar Schritte weiter, kommt man zu einer kleinen, mit dicken Gitterstäben versehenen Nische. In dieser **Kapelle** feierte Rey Don Jaime I (Jakob I. von Aragón) nach der Rückeroberung Valencias von den Arabern 1238 die erste christliche Messe – im Vorgängerbau der heutigen Kathedrale.

Prächtig ausgestaltet bilden sie unverkennbar das Zentrum der Kathedrale – Kuppel und Hauptaltar.

Im Schatten des Miguelete

Am anderen Ende der Plaza de la Reina liegt, etwas versteckt, die **Iglesia Santa Catalina** 6. Ihren stolzen **Glockenturm** sieht man besonders gut von der Calle de la Paz aus. Der schmale Barockturm wurde im 17. Jh. erbaut, die Glocken wurden 1729 in London gegossen. Der Ursprung von Santa Catalina selbst wird auf das Jahr 1245 datiert, damit gehört sie zu den ältesten Gotteshäusern der Stadt. Sie ist vielleicht nicht ganz so spektakulär wie die Kathedrale, dafür ist ihr Innenraum ein ganz besonderer Ort der Stille.

So bekannt der Miguelete-Kirchturm in ganz Spanien ist, der Glockenturm der Iglesia Santa Catalina ist bei den Valencianos nicht minder beliebt.

UM DIE ECKE

Rund um die Plaza de la Reina findet man sowohl bevölkerte wie auch stillere Ecken. Gedränge herrscht oft auf der kleinen **Plaza Lope de Vega** an der Südseite der Kathedrale, liegt sie doch auf dem Weg zum Mercado Central. Deshalb, Achtung!, sind die zwei, drei Restaurants hier voll auf Touristen ausgerichtet. Im Vergleich geradezu still ist es hingegen in der **Calle Avellanas** 1, in der einst die **Antiquitätenhändler** zu Hause waren. Noch gibt es zwei, drei Läden, in denen man rumstöbern kann.

2

Valencias Seele – **Plaza de la Virgen**

Wenn die Sonne untergeht und die Straßenlaternen den Platz der Jungfrau in ein warmes Licht tauchen, werden auch Sie die besondere Stimmung, die Magie dieses Ortes spüren. Die Valencianos lieben diesen Platz besonders, weil er Geschichte und Leidenschaft und mediterranes Lebensgefühl vereint.

Handelt es sich bei der Plaza de la Reina um das Herz der Stadt, so kann die benachbarte Plaza de la Virgen durchaus als Seele Valencias gelten. Weit ab vom Straßenverkehr ist sie voller Leben: Beamte eilen zwischen den Gebäuden der Landesregierung hin und her, Kinder rennen vor Freude quietschend hinter den Tauben her und Gläubige treten gesenkten Blickes in die Basilika ein. Abends üben Jugendliche auf dem glatten Marmorboden ihre Skateboard-Kunststückchen und Freunde zie-

Marmor und Magie: der Platz der Schutzheiligen von Valencia

hen von hier aus in den Ausgehbezirk des Barrio del Carmen. Und besonders an den Wochenenden im Frühjahr und Herbst tummeln sich hier Hochzeitsfotografen und Brautpaare: Die Szenerie mit Basilika und Turia-Brunnen sowie die magische Stimmung auf dem Platz sind ideal, um die Frischvermählten für das offizielle Hochzeitsalbum in Szene zu setzen. Setzen Sie sich am besten in eines der Straßencafés, genehmigen sich einen Schluck und lassen die Atmosphäre auf sich wirken. Ich bin sicher, die mediterrane Gelassenheit wird auch Sie einnehmen. Spätestens dann sind Sie wirklich in Valencia angekommen.

Basílica de la Virgen de los Desamparados

Verehrte Schutzpatronin

Sogar für nicht gläubige Valencianos ist sie von Bedeutung, ist die **Virgen de los Desamparados** doch Teil der Identität ihrer Stadt und somit von einem jeden selbst. So ist auch die Statue der Heiligen Jungfrau der Schutzlosen der wirkliche Grund für das ständige Kommen und Gehen von Gläubigen und Neugierigen und nicht das Bauwerk mit schlichter Fassade, das sie birgt: die **Basílica de la Virgen de los Desamparados** 1. Der Ursprung der Marienfigur reicht bis ins Jahr 1416 zurück, als die Virgen de los Desamparados zur Schutzpatronin des Hospitals von Valencia ernannt wurde. Sie sollte den Schutzlosen, den *desamparados,* zur Seite stehen. 1667 bekam die Marienstatue mit der zwischen 1652 und 1667 erbauten Basilika ein neues Zuhause und wurde 1885 vom Papst offiziell zur Schutzpatronin der Stadt Valencia erklärt. Wenn Sie das Gedränge in der Basilika vermeiden und lediglich einen raschen Blick auf die Jungfrau werfen möchten, so gehen Sie einfach rechts am Eingang vorbei zum großen **Seitentor** 2, von wo aus Sie einen diskreten Blick ins Innere der Kirche werfen können.

Doch auch die **Basilika** selbst lohnt einen Besuch, birgt sie doch in ihrer blauen Kuppel, die etwas versetzt aus dem Bau emporragt, wirklich beeindruckende **Fresken,** die 1701 vom berühmten Barockmaler Antonio Palomino gestaltet wurden.

N
NAMEN

Wussten Sie, dass der spanische Mädchenname Amparo auf die Virgen de los Desamparados zurückgeht? Amparo ist die Kurzform von **Desamparados.** Kein Wunder, dass dieser Name gerade in Valencia so beliebt ist. Und bei den Jungen gilt das für den Vornamen **Vicente,** in Anlehnung an die beiden Stadtheiligen San Vicente Mártir und San Vicente Ferrer. Mal schauen, wie viele Amparos und Vicentes Sie während Ihres Aufenthalts in Valencia kennenlernen …

Das Wasser von Valencia

Die maurische Kultur hat in Valencia auf unterschiedliche Weisen ihre Spuren hinterlassen. Ein bedeutendes Kulturerbe ist das Wissen um die Wasserwirtschaft. Erst die arabischen Flusswehre, Schöpfräder und Kanäle haben aus dem Umland des damaligen Balensina (arab. Balansiya) eine grüne Oase gemacht. Dass dieser Teil der Geschichte das heutige Leben noch immer prägt, ist auf der Plaza de la Virgen gleich zweimal nachvollziehbar. Der **Turia-Brunnen** 3 am einen Ende des Platzes ist eine Allegorie auf die Errungenschaften aus jener Epoche: Die halb liegende Männerfigur in der Mitte der Fontäne stellt den Turia-Fluss dar, die Mädchenfiguren, aus deren Krügen das Wasser in den Brunnen plätschert, symbolisieren die acht großen *acequias* von Valencia. Jene acht Bewässerungskanäle, die das Wasser vom Río Turia bis weit in die Kulturlandschaften vor der Stadt hinausführten und es heute zum Teil immer noch tun. Die Statuen des Brunnens tragen alle die traditionelle, valencianische Haarpracht mit der typischen Haarschnecke und der *peineta,* einem aufgesteckten Zierkamm. Die Namen der *acequias* sind in die Sockel der Figuren eingemeißelt. Sollten Sie Fußballfan sein, so kommt Ihnen der Name Mestalla vielleicht bekannt vor, heisst doch so auch das Stadion des FC Valencia.

Das zweite, auch heute noch lebendige Erbe der Mauren ist das **Wassergericht von Valencia,** das seit mehr als 1000 Jahren über die gerechte Verteilung des kostbaren Nasses wacht. Jeden Donnerstag um 12 Uhr kommen die acht Richter – für jede *acequia* ein Vertreter – vor dem **Aposteltor der Kathedrale** 4 (► S. 21) zusammen und nehmen ihre Plätze auf den historischen Lederstühlen ein. Der Gerichtsdiener ruft den Namen des jeweiligen Bewässerungskanals auf und wenn ein Landbesitzer oder Bauer das Gefühl hat, er sei bei der Wasserzuteilung ungerecht behandelt worden, so kann er hier seine Klage vorbringen. Die Verhandlungen werden ausschließlich in der valencianischen Landessprache geführt, die Entscheide umgehend gefällt. Auch wenn diese nicht schriftlich festgehalten werden, sind die Anordnungen des Wassergerichts von Valencia unanfechtbar, sogar das Oberste Gericht in der Hauptstadt Madrid kann ein Urteil der acht Herren vor dem Aposteltor nicht revidieren.

Mit den modernen Bewässerungstechniken von heute gibt es kaum mehr Rechtsstreitigkei-

P
PROTEST

Wettern konservative Kirchenkreise gegen liberale Gesetze, so tun sie es auf der **Plaza de la Virgen.** Demonstrieren Bürgervereinigungen gegen die Korruption der Obrigkeit, so tun sie es ebenfalls hier. Große, politische Versammlungen finden in der Regel auf dem Rathausplatz statt, wenn es aber um emotionalere Themen geht, dann kommen die Valencianos auf der Plaza de la Virgen zusammen.

Wasser war für die Valencianos schon vor 1000 Jahren ein existenzielles Thema, und es ist bis heute akut. Deswegen ist das Wassergericht, das jeden Donnerstag um 12 Uhr tagt, mehr als Traditionspflege.

INFOS/ÖFFNUNGSZEITEN

Basílica de la Virgen de los Desamparados 1: Pl. de la Virgen s/n, www.basilicadesamparados.org, tgl. 7–14, 16.30–20 Uhr. Aber Achtung, es werden mehrmals am Tag Messen gelesen, weshalb man mit Vorsicht eintreten sollte, um gegebenenfalls die Gläubigen nicht zu stören.
Wassergericht vor dem Aposteltor der Kathedrale 4: Pl. de la Virgen/C. del Miguelete, Do 12 Uhr
Centro Arqueológico de la Almoina 5: Pl. de Décimo Junio Bruto, Di–Sa 10–19, So 9.30–14 Uhr, 2 €, So/Fei Eintritt frei
Almudín 6: Pl. San Luis Beltrán 1, Di–Sa 10–14, 15–19, So/Fei 10–14 Uhr, 2 €, So/Fei Eintritt frei

KULINARISCHES FÜR ZWISCHENDRIN

Bestellen Sie sich in einem der Straßencafés auf der **Plaza de la Virgen** 1 **einen gespritzen Rotwein,** *un tinto de verano.* Die so sehr mit Spanien assoziierte **Sangria gibt es nur in den Touristenfallen.**

Cityplan: Karte 2, E 3 | **Bus** 4, 6, 8, 9, 11, 16, 28, 70, 71, Reina

ten, die auf diese Weise geschlichtet werden müssen. Trotzdem wird das historische Wassergericht von Valencia auch in Zukunft weiterbestehen, und zwar nicht als Touristenattraktion, sondern im tiefen Bewusstsein, wie wichtig Wasser in einem solch trockenen Land wie Spanien ist.

UM DIE ECKE

Auf der **Plaza de la Almoina** stieß man Mitte der 1980er-Jahre auf römische und arabische Ruinen. Wer einen raschen, kostenlosen Blick auf diese **Ausgrabungen** werfen möchte, der hat Glück: Der Boden der Plaza de la Almoina ist aus Glas! Über den Ausgrabungen wurde der **Centro Arqueológico de la Almoina** 5 errichtet.
Einst ein maurischer Getreidespeicher dient der **Almudín** 6 heute als Raum für unterschiedlichste Arten von Ausstellungen und Veranstaltungen. Am bestem schlendert man hin und schaut vor Ort, was gerade aktuell ist.

3

Ein Fest der Sinne – **der Mercado Central**

Den Zentralmarkt von Valencia mit Worten beschreiben zu wollen, ist kaum möglich, spricht dieser doch alle Sinne gleichzeitig an. Der Mercado Central ist einerseits ein wunderbarer, leichter Jugendstilbau, andererseits ein lebendiger, quirliger Markt, ein Drunter und Drüber an Farben und Gerüchen, Menschen und Stimmen.

Hätte man als Reisender gerade einmal zwei Stunden Zeit, um Valencia kennenzulernen, so wäre für mich der Zentralmarkt der Stadt das absolute Must-See! Denn der Mercado Central vereinigt in sich drei Eigenheiten, die Valencia charakterisieren: Erstens handelt es sich um ein besonders gelungenes Beispiel für die Jugendstilarchitektur, die das Stadtbild prägt, zweitens wird einem im wahrsten Sinne des Wortes die Vielfältigkeit der Huerta Valenciana vor Augen geführt, der weiten, fruchtbaren Felder vor den Toren der Stadt, die Valencia einst zu großem Reichtum verhalfen. Und ich denke da nicht nur an die Orangen … Der Mercado Central spiegelt darüber hinaus das Leben in dieser Stadt wider, ist er doch eine Art

Die Vielfalt der Huerta Valenciana versammelt in einer Ikone des Jugendstils, dem Mercado Central

Markplatz, auf dem man sich trifft. Die Valencianos sind schließlich ein geselliges Völkchen, das für einen Schwatz immer Zeit hat.

Modernismo der 1920er-Jahre

Der Beginn des 20. Jh. setzte für die Stadt Valencia einen städtebaulichen Meilenstein: Zahlreiche Projekte wie die Neugestaltung des Rathausplatzes oder der neue Stadtteil Ensanche wurden damals in Angriff genommen. Der **Jugendstil,** im Spanischen Modernismo genannt, prägte die Architektur ab 1900 stark, und zwar nicht nur in Barcelona, wo Antoni Gaudí wirkte, sondern gerade auch in Valencia. Und eine der herausragenden Juwelen aus dieser Zeit ist zweifelsohne der **Mercado Central** 1. 1928 eingeweiht, wurde er auf dem Grundstück des alten Marktplatzes errichtet, was den verwinkelten Grundriss des Gebäudes erklärt.

Heute breiten sich die **Marktstände** auf einer Gesamtfläche von etwas über 8000 m² aus. Was man als Besucher jedoch nicht zu sehen bekommt, ist das etwa noch einmal so große **Kellergewölbe.** In den Katakomben des Mercado Central werden täglich Tonnen an Früchten und Gemüse, Fleisch und Fisch umgelagert, bevor sie an die Stände gelangen.

Trotz des ganzen Trubels – Boten, die den Kunden die Einkäufe ins Auto oder nach Hause

F
FRÜHER VOGEL

Dass nicht nur Valencia, sondern eben auch der Mercado Central bei ausländischen Touristen an Beliebtheit gewinnt, wird offensichtlich, wenn man so ab 11 oder 12 Uhr den Zentralmarkt besucht. Daher empfehle ich, etwas früher aufzustehen oder den Marktbesuch mindestens als ersten Tagespunkt anzusetzen, um in Ruhe zwischen den Marktständen umherschlendern zu können.

Scheint dank des Lichteinfalls zu schweben – die Kuppel des Mercado Central

bringen, und Omas mit ihren Einkaufswägelchen, Warenlieferanten und Touristen – sollten Sie einmal innehalten und den Blick nach oben schweifen lassen: Die **Dachkonstruktion** des Marktes aus Stahl, Keramik und Kristall, die von einer 30 m hohen Kuppel dominiert wird, ist beeindruckend. Genau wie die hohen Fenster mit ihren farbigen Glasornamenten, Zeichnungen und Stadtwappen, die besonders im Gegenlicht gut zur Geltung kommen. Anders als der berühmte Mercat del Born in Barcelona ist die valencianische Markthalle von einer besonderen Leichtigkeit, vom Sonnenlicht durchflutet.

Vielfalt der Huerta Valenciana ...

Als *huerta* werden, wie erwähnt, die Felder rund um die Stadt Valencia bezeichnet, die eine Fülle an Gemüse und Obst hervorbringen, allen voran **Zitrus-**

INFOS/ÖFFNUNGSZEITEN

Mercado Central 1: Pl. del Mercado s/n, www.mercadocentralvalencia.es, Mo–Sa 8–14.30 Uhr

KULINARISCHES FÜR ZWISCHENDRIN

Ricard Camarena ist Valencias Starkoch, wurde er in seinem doch eher jungen Leben bereits mit drei Michelin-Sternen ausgezeichnet. Der umtriebige Küchenchef ist nicht nur an seinem Herd, sondern auch bei seinen Geschäftsideen kreativ. So hat er eine kleine Stehbar, die **Central Bar** 1 (Standnr. 105–131, www.centralbar.es) im Mercado Central – zwischen den Ausgängen 3 (C. Gallo-C. Calabazas) und 4 (Pl. de la Ciudad de Brujas-C. Calabazas) gelegen – übernommen und bietet dort Haute Cuisine im Kleinformat an. Tapas, Bocadillos und Süßspeisen für alle, die sonst vielleicht um Highclass-Gourmetlokale einen Bogen machen.

PAELLA-PFANNEN ALS SOUVENIRS?

Gleich rechts vor dem Haupteingang betreiben Manuel Ortiz und sein Cousin Enrique González einen Außenstand – **Stand Nr. 8–10** 1 – in welchem sie eine große Auswahl an typisch valencianischen Kochutensilien anbieten, allen voran natürlich Paella-Pfannen in verschiedensten Größen. Die Großen passen zwar nicht ins Reisegepäck, die kleineren hingegen sind ideale Mitbringsel, die man als Dekoration, als Serviergeschirr oder ganz profan als Aschenbecher verwenden kann.

Cityplan: Karte 2, D/E 4 | **Bus** 7, 27, 81, Mercado Central

früchte wie Apfelsinen, Mandarinen oder Zitronen. Diese Frischwaren werden an den Marktständen wunderschön präsentiert, sind aber nur schlecht in einen Koffer zu packen. Problemlos transportieren lassen sich hingegen die getrockneten **Fleisch- und Wurstwaren:** Aus der Nachbarregion Teruel stammt etwa der beste *jamón serrano* und aus der Kleinstadt Requena im Hinterland von Valencia kommen die besten *chorizos* und *salchichones*.

In der Markthalle versorgen sich die Valencianos u. a. mit den so beliebten Gambas, die an zahlreichen Ständen angeboten werden.

... und des Meeres

In der **Seitenhalle** 2 des Marktes, die spürbar gekühlt ist, werden Fisch und Meeresfrüchte angeboten. Was hier ausliegt, schwamm bis vor wenigen Tagen, ja sogar Stunden, noch im Meer. Bei den sich windenden, noch lebenden Aalen muss ich allerdings immer an Oskar Matzerath und seine Blechtrommel denken ... Montags aber sind die Verkaufsstände beinahe leer, denn auch die Fischer haben am Sonntag ihren freien Tag.

Exotisches jeglicher Art

In den Mittelmeerländern ist das Verhältnis zu frischen Fleisch- und Frischprodukten, sagen wir mal, weniger aseptisch als in Mittel- und Nordeuropa. Entsprechend werden im Mercado Central etwa auch **Hühnerfüße** (geben dem Fleischeintopf Geschmack), **Schweinsohren** (frittiert und gesalzen äußerst beliebt) oder **lebender Aal** (ist als Eintopf ein typisch valencianisches Gericht) angeboten. Kurios auch die in kleine Netze verpackten **Schnecken,** die als Zutat für die Paella gedacht sind. Ansprechender sind zweifellos jene Marktstände, an denen unterschiedlichste Trockenfrüchte nach Gewicht verkauft werden; eine wahre Freude für die Nase sind die **Gewürzhändler,** die u. a. echten Safran verkaufen. Safran, von dem es ja heißt, dass das Gramm teurer sei als Gold, gibt der Paella ihre gelbe Farbe. Für die Alltagsküche werden an diesen Gewürzständen spezielle Paella-Mischungen verkauft, die sich durchaus als Mitbringsel eignen – ein bisschen Vaencia für daheim.

UM DIE ECKE

Im Volksmund wird die kleine, autofreie **Calle Músico Peydro** 2 auch Calle de las Cestas genannt, denn hier findet man jene Geschäfte, die typisch spanische Korbwaren verkaufen.

J
JAMÓN

Jamón ist nicht gleich *jamón!* Wie mager ist der getrocknete Schinken? Wobei: etwas Fett verstärkt den Geschmack. Ein **Jamón Serrano** stammt vom Hausschwein, der teure und schmackhaftere **Jamón Ibérico** oder **Jamón de Pata Negra** vom dunkelhäutigen Ibérico-Schwein. Hat sich Letzteres von Eicheln ernährt, bekommt man den edlen **Jamón de Bellota.** Beinahe so wichtig wie die Schinkensorte ist der Schnitt der Schinkenstreifen, denn hauchdünne Scheiben zu schneiden ist eine Kunst für sich. Jährlich finden hierzu Meisterschaften statt.

#4

Einstiges Zentrum der Macht – **die Lonja de la Seda**

Ist sie eine Burg mit Zinnen? Oder ein unsymmetrischer Palast? Fenster und Verzierungen links, eine eher schmucklose Fassade rechts ... Die alte Seidenbörse ist nicht nur von der Architektur, sondern auch von ihrer Historie her außergewöhnlich.

Steht man vor der **Lonja de la Seda** 1, so weiß man im ersten Augenblick nicht, um was es sich da eigentlich handelt. Epochale Gebäude wie Paläste oder Kirchen gibt es viele, die historische Seidenbörse von Valencia hingegen ist einzigartig. Man sollte das gleich gegenüber dem Mercado Central gelegene UNESCO-Welterbe unbedingt besuchen.

Stein gewordene Oase in der Wüste? Die berühmte Säulenhalle der alten Seidenbörse lässt dies fast glauben.

Drei in einem ist durchaus ein guter Ansatz, um die Seidenbörse zu beschreiben, denn in der Tat besteht das historische Gebäude aus drei Elementen: einem niedrigeren, beinahe fensterlosen Bau mit großem Tor, dem Turmelement in der Mitte und dem etwas höheren, reich verzierten Consulado del Mar. Die Pläne für das gotische Gebäude lagen bereits 1482 vor, doch es dauerte über fünf Jahrzehnte, bis dieses einstige Macht- und Handelszentrum vollendet war.

Von außen wirkt sie wie eine mittelalterliche Trutzburg. Valencias historische Seidenbörse wurde über die Jahrhunderte Zeuge von Handel und Händeln.

Kleine, grüne Oase

Die Lonja de la Seda betritt man über die Rückseite des Gebäudes und tritt als erstes in den Innenhof mit seinen Orangenbäumen, dem kleinen, achtzackigen Springbrunnen und den Sitzbänken, die zum Verweilen einladen. Ob Sie den kleinen Zwischenstopp vor oder nach dem Besuch des Baus einlegen wollen, sei Ihnen überlassen. Links vom Innenhof befindet sich jedenfalls der zweifelsohne beeindruckendste Saal der alten Börse: die große **Säulenhalle.** Sobald sich Ihr Auge an das gedämpfte Licht gewöhnt hat, erkennen Sie, dass Sie mitten in einem aus Stein gemeißelten Palmenhain stehen. 16 schwere Säulen sprießen sozusagen aus dem Boden, recken sich 16 m in die Höhe und gehen in Rundbögen in das Deckengewölbe über. Die Gestaltung der Säulen und der sich an der Decke aus ihnen heraus auffächernden Bögen ist es, die den Eindruck erwecken, man befände sich in einem Palmenhain. Hier in diesem spektakulären Saal trafen sich einst Valencias Händler, um Geschäfte zu machen. Dabei ging es anfangs nicht nur um den Seidenhandel, sondern auch um schnöde Geldgeschäfte.

A AUTOFREI

Um den Ansprüchen der UNESCO nachzukommen, hat die Stadtverwaltung den Straßenverkehr vor der Lonja de la Seda unterbunden. Gut so, denn jetzt kann man die eindrückliche Fassade besser bewundern, ohne gleich überfahren zu werden!

Von Geld und Seide

Im 15. Jh. hatte jede Region, jedes Fürstentum seine eigene Währung, die unterschiedlich interpretierten Wechselkurse sorgten immer wieder für Unstimmigkeiten. In Folge baten Valencias Stadtväter im Jahre 1407 den König von Aragón um das Privileg, eine offizielle Wechselstube eröffnen zu dürfen, und so entstand hier die sogenannte *taula de canvis,* der Wechseltisch. Dies ist der Grund, weshalb die heutige Seidenbörse ursprünglich als Händlerbörse *(lonja de mercaderes)*

Lonja de la Seda

bezeichnet wurde. In Lonja de la Seda umgetauft wurde der stolze Bau Ende des 17. Jh., denn ab dem 15. Jh. hatte sich Valencia zu einem immer wichtigeren Zentrum der Seidenweberei entwickelt und die Seidenmacherzunft immer mehr an Einfluss gewonnen. Und das sollte sich dann auch im Namen des zentralen Handelsplatzes niederschlagen.

Wer findet die Schnecke?

Im mittleren Teil der Lonja, also im Turmbau, befindet sich eine Wendeltreppe, die als **Escalera de Caracol** (Schneckentreppe) bekannt ist. Das Besondere an dieser Konstruktion: Die damaligen Bauherren ließen die Stufen direkt in die Mauer ein und konnten so auf eine Mittelachse verzichten. Innovative Architektur aus dem 15. Jh. sozusagen. In der Tat erinnert diese Wendel-

INFOS/ÖFFNUNGSZEITEN

Lonja de la Seda 1: Pl. del Mercado s/n, Mo–Sa 10–19, So 10–14 Uhr, 2 €, So/Fei Eintritt frei

KULINARISCHES FÜR ZWISCHENDRIN

Gleich hinter der Lonja de la Seda öffnet sich einer der beliebtesten – weil gemütlichsten – Plätze des Carmen-Viertels, die **Plaza Doctor Collado** ❶. Mehrere **Straßencafés** warten hier auf Gäste, Schatten spendet ein großer, alter Olivenbaum.

In direkter Nähe zur Lonja können Sie bei **Horno y Pastelería Martínez** ❷ (C. Ercilla 17, Mo–Fr 7–15, 17–20, Sa 7–14 Uhr) köstliche hausgemachte süße und gesalzene Spezialitäten kaufen und als kleine Wegzehrung für Ihren Stadtspaziergang mitnehmen. *Horchata*, die typisch valencianische Milch aus Erdmandeln, gibt es wenige Meter weiter in der **Horchatería El Collado** ❸ (C. Ercilla 13, tgl. 10–14, 16.30–21 Uhr)

SONNTÄGLICHER SAMMLERTREFF

Die Lonja ist eigentlich auch heute noch ein Ort, an dem Handel getrieben wird, denn sie ist der Treffpunkt der Münzen- und Briefmarkensammler in Valencia. Jeweils am Sonntagvormittag kommen sie im und vor dem Gebäude zusammen, um Objekte auszutauschen und zu fachsimpeln. Vielleicht findet man hier alte Peseten-Münzen mit dem eigenen Jahrgang, oder jenem von Freunden und Bekannten. Ein nicht alltägliches Mitbringsel aus Spanien …

Cityplan: Karte 2, D/E 3/4 | **Bus** 7, 27, 81 Mercado Central treppe an ein Schneckenhaus, und – theoretisch – ist ein durchgängiger Blick von unten nach oben möglich. Theoretisch, denn leider ist sie für Besucher gesperrt, vom Säulensaal aus kann man aber trotzdem versuchen, wenigstens einen Blick zu erhaschen.

Da haben die Steinmetze ihrer Fantasie freien Lauf gelassen. Seit Hunderten von Jahren thronen die Wasserspeier der historischen Seidenbörse über der Stadt.

Die Mittelmeer-EU von einst

Zur ersten Jahrtausendwende führten die Handelswege zwischen dem heutigen Spanien, Frankreich und Italien logischerweise übers Wasser, schließlich hatten schon die Römer überall im Mittelmeerraum Hafenstädte gegründet. Um den zunehmenden Warenaustausch zu überwachen und bei Streitigkeiten zu schlichten oder zu richten, wurden, zuerst in Pisa, auf Zypern, in Venedig und Konstantinopel (Istanbul), sogenannte Meereskonsulate gegründet. Im Jahr 1283 entstand dann auch in Valencia ein **Consulado del Mar,** weitere dieser Instanzen folgten später in Palma de Mallorca (1326), Barcelona (1347) und Burgos (1447). Mit dem Bau der heutigen Lonja de la Seda fand auch das valencianische Konsulat des Meeres einen angemessenen Amtssitz.

Vom Apfelsinen-Patio mit dem kleinen Springbrunnen in der Mitte gelangen Sie über die breite Treppe in den großen **Versammlungssaal** im ersten Stock, der vom Podest mit dem großen Richtertisch dominiert wird. Auch hier lohnt sich der Blick zur Decke, die durch eine besonders reich verzierte Holzstruktur und eine Bemalung in Schwarz und Gold beeindruckt. Nehmen Sie sich die Zeit und betrachten Sie die verschiedenen Figuren und Geschichten, die – beinahe wie ein Comicstrip – die Balken verzieren. Selbstverständlich darf hier das Stadtwappen von Valencia nicht fehlen.

Nicht nur nach oben, sondern auch nach unten schauen – Mosaikboden in der Lonja de la Seda

UM DIE ECKE

Egal ob vor oder nach dem Besuch des Inneren empfehle ich Ihnen einen **Rundgang außen** um den gotischen Bau herum, immer mit dem Blick nach oben. Die Steinmetze des 15. Jh. haben bei den Wasserspeiern sowohl ihre Fantasie als auch ihre Kunstfertigkeit unter Beweis gestellt. **Dämonische Fabeltiere** und **grimmige Menschenfiguren** speien, wenn's überhaupt mal regnet in Valencia, ihr Wasser auf die arglosen Passanten.

#5

Der Reiz der Patina – **Barrio del Carmen**

Mal rechts, mal links, mal geradeaus, ob auf Sightseeing-Tour oder auf der Suche nach (nächtlicher) Unterhaltung: Enge und verwinkelte Gassen und Plätze gehören zum Reiz des ältesten Viertels der Stadt. Und dieses enge Beieinander ist es auch, das El Carmen bei Einheimischen so beliebt macht.

Valencias erste Stadtmauer umschloss einst diesen historischen *barrio*, in dem die alte Struktur der Gassen und Gässchen bewahrt blieb. Hier können Sie versteckte Ecken und nette Plätze auf eigene Faust entdecken. Lassen Sie sich einfach treiben und vom Charme El Carmens, ob tagsüber oder nachts, gefangen nehmen. Dennoch möchte ich Ihren Blick auch auf einige besondere Orte und Bauten lenken.

Der Barrio del Carmen steckt voller Überraschungen. Jede Gasse hat ihren Reiz, immer wieder locken kleine Läden.

Wächter der Vergangenheit

Mächtig sind die **Torres de Serranos** 1, die Stadttore, die El Carmen zum Turia-Fluss hin abschließen. 1397 eingeweiht, diente das wuchtige Mauerwerk vor allem militärischen Zwecken, galt es doch die Stadt gegen mögliche Eindringlinge zu verteidigen. Der imposante gotische Bau, der Richtung Nordosten zeigt, sollte aber auch von der Mittelmeerküste herkommenden Reisenden, Einlass in die Stadt gewähren. Von 1586 bis 1887 war in den Torres de Serranos ein Gefängnis untergebracht, allerdings nur für die noblen Herren der Stadt. Heute muss man nicht blauen Blutes sein, um diesem Stadttor einen Besuch abzustatten. Die steilen Treppen in Angriff zu nehmen lohnt sich jedenfalls, hat man doch von der obersten Ebene eine tolle Aussicht.

800 m Luftlinie entfernt steht am Südwestrand des Barrio del Carmen das zweite erhaltene Stadttor. Die **Torres de Quart** 2 sind ein steinernes Plagiat, wurden sie doch Mitte des 15. Jh. den Tortürmen des Castel Nuovo in Neapel nachempfunden.

R
REFUGIO

An der Calle de Serranos, gegenüber der Hausnummer 24, findet sich ein niedriger, verbarrikadierter Bau, an dem in verblichenen Lettern das Wort »Refugio« zu lesen ist. Es handelt sich dabei nicht, wie viele glauben, um eine ehemalige Diskothek, sondern um einen **Luftschutzbunker** aus der Zeit des spanischen Bürgerkriegs. Ein *refugio* eben.

Kultur im Herzen

Obwohl die kleine **Plaza del Carmen** als Namensgeberin dieses Stadtbezirks eigentlich das Zentrum der Altstadt sein müsste, ist es hier relativ ruhig. Ebenso entspannt, aber überaus interessant ist es nur ein paar Schritte weiter. Denn dort befindet sich in einem ehemaligen Kloster, dessen Ursprünge auf das Jahr 1281 zurückgehen, der gleichnamige **Centro del Carmen** 3, in den Sie unbedingt hineinschauen sollten. Sei es, um die alten Gemäuer und den schönen Kreuzgang zu besichtigen, ein paar Bilder des wohl bekanntesten valencianischen Malers Joaquín Sorolla anzuschauen oder um festzustellen, was sonst im Moment so angesagt ist – etwa Open-Air-Kino im Klosterhof während der lauen Sommernächte.

Versteckte Plätze und noch ein Tor

Kleine Plätze gibt es im Barrio del Carmen einige, wie etwa die **Plaza de Ángel** 4. Die Häuser scheinen teilweise vom Einsturz bedroht, die Fensterläden sind teils verrammelt, und so strahlt sie morbiden Charme aus. Beschaulich sind auch die **Plaza de la Santa Cruz** 5 und die kleine **Plaza del Árbol** 6, die nach dem einsamen Baum in ihrer Mitte benannt ist.

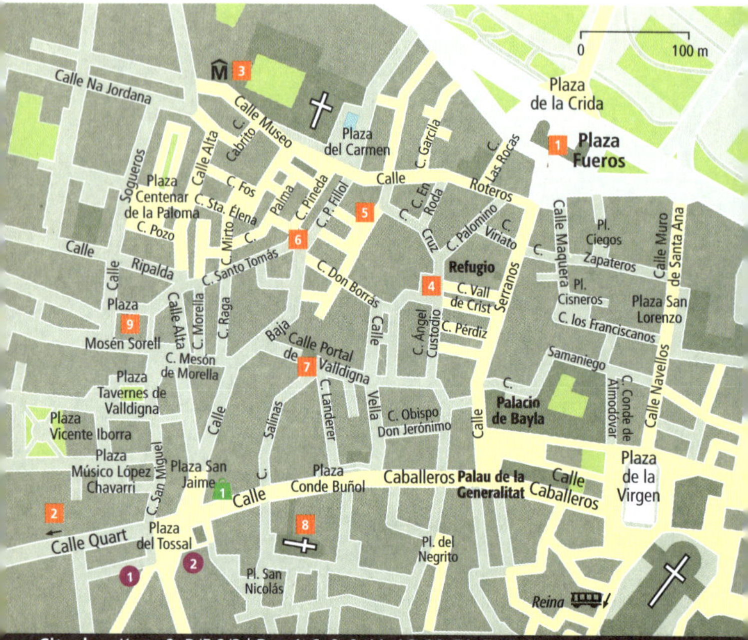

Cityplan: Karte 2, D/E 2/3 | **Bus** 4, 6, 8, 9, 11, 16, 28, 70, 71 Reina

INFOS/ÖFFNUNGSZEITEN

Torres de Serranos 1: Pl. de los Fueros s/n, Mo–Sa 10–19, So/Fei 10–14 Uhr, 2 €, erm. 1 €, So/Fei Eintritt frei
Torres de Quart 2: Pl. Santa Úrsula, Frühjahr/Sommer Mo–Sa 10–19, So/Fei 10–14 Uhr, 2 €, So/Fei Eintritt frei
Centro del Carmen 3: C. Museo 2, www.consorciomuseos.gva.es, Di–So 11–21 Uhr (Achtung: häufig Änderungen/Schließungen wegen Ausstellungsauf-/abbau), Eintritt ausstellungsabhängig
Parroquia de San Nicolás 8: C. Caballeros 35, www.sannicolasvalencia.com, Okt.–Juni Mo–Fr 10.30–19, Sa 10.30–18.30, So 13–20, Juli–Sept. Di–Fr 10.30–21, Sa 10.30–19.30, So 11.30–21 Uhr, 6 €
Mercadillo de Mosén Sorell 9: Pl. Mosén Sorell s/n, Mo–Mi, Sa 7.30–15, außer Juli–Sept. auch Do 17–20, Fr 17.30–20 Uhr
Bar La Pilareta 1: C. Moro Zeit 13, www.barlapilareta.es, tgl. 12–24 Uhr
Café Infanta 2: Pl. del Tossal, tgl. 9.30–2 Uhr

SHOPPEN ETWAS ANDERS

Eine andere Art des Einkaufens bieten die verschiedenen **Pop-up-Shops,** die insbesondere im Barrio del Carmen entstanden sind – mal nur für drei Monate, mal langfristig. Dabei teilen sich mehrere Anbieter sonst ungenutzte Flächen, so etwa im Erdgeschoss eines alten Stadtpalasts an der Calle Caballeros (Nr. 36). Dort bietet u. a. Antonio Escoruela in seiner kleinen, improvisierten Boutique **Perla de Luna** 1 Kleidung, Schmuck, Modeaccessoires und exklusive Weine aus der Region an – jeden Tag bis abends. Hier lohnt sich obendrein auch ein Blick ins alte Gemäuer.

Gehen Sie nicht achtlos hindurch, falls Sie den Torbogen passieren: Der **Portal de Valldigna** 7 wurde im Jahr 1400 in die arabische Verteidigungsmauer eingelassen und fällt heute inmitten der engen Gassen kaum auf.

Ausgehen rund um die Plaza del Tossal

El Carmen ist bei den Valencianos auch das Synonym für Ausgehen und Nachtleben, da die Bar- und Kneipendichte in diesem Teil der Altstadt besonders hoch ist. Sie müssen aber nicht warten, bis die Sonne untergegangen ist, um das Gastronomieangebot des Barrio del Carmen zu genießen. Und auch hier gilt: einfach losziehen und selbst die nettesten Lokale entdecken.

Ideal für dieses Unterfangen ist die **Plaza del Tossal**, denn wie Arterien führen mehrere Straßen des Carmen-Bezirks zu diesem Platz. Genau hier befinden sich zwei Klassiker, in die ich nicht nur mit meinen Gästen aus dem Ausland, sondern auch mit lokalen Freunden gehe. Der **Bar La Pilareta** 1, etwas versteckt an einem Ende des Platzes gelegen, sieht man an, das der Zahn der Zeit an ihr nagt, es ist eng, und die Besucher drängen sich um die alte Theke. Aber genau das macht die Kneipe authentisch und ihren Reiz aus. Und dass hier die besten Miesmuscheln Valencias, *mejillones,* serviert werden. Ein Besuch lohnt immer, schließlich lässt sich leichte Kost wie Miesmuscheln auch ohne großen Hunger goutieren. Überaus gemütlich ist es im **Café Infanta** 2, das auch Tische auf der Plaza hat. Bestellen Sie eine Karaffe *Aqua de Valencia,* denken Sie aber daran, dass es sich beim Valencianischen Wasser nicht um H_2O handelt, sondern um einen Punsch aus Cava, Orangensaft, Wodka und Cointreau.

UM DIE ECKE

Groß war die Freude, als unter dem Verputz des Kirchenschiffes von **San Nicolás** 8 Wand- und Deckenmalereien aus dem 17. Jh. zum Vorschein kamen, und zwar in einem solchen Ausmaß, dass heute schon von der Sixtinischen Kapelle Valencias gesprochen wird. Wenn nicht gerade eine Messe gefeiert wird, dann ist ein Blick auf diese Fresken mehr als nur lohnenswert – spektakulär!

Die Plaza del Tossal ist immer ein guter Ort, um den Tag ausklingen zu lassen …

C CHARLEYS TANTE

Erinnern Sie sich an den Filmklassiker »Charleys Tante« mit Heinz Rühmann aus dem Jahr 1956? Was das mit dem Barrio del Carmen zu tun hat? Schauen Sie mal im hinteren Teil des Café Infanta. Was hängt dort an der Wand? Ein altes Filmplakat mit dem Titel »Carlos, su tía y la otra« – Rühmann auf español …

6

Valencias Kunstmuseum der Moderne – **IVAM**

Sie interessieren sich für moderne Kunst? Dann sollten Sie dem Instituto Valenciano de Arte Moderno einen Besuch abstatten. Neben Bildern und Skulpturen präsentiert das Museum auch zeitgenössische Fotografie und Design.

Dass sich Valencia weder mit Berlin und seiner Museumsinsel noch mit Basel und seiner ART messen kann – noch will –, liegt auf der Hand; schon wegen des Wetters, das hier zu schön ist, um seine Zeit in geschlossenen Räumen zu verbringen. Zudem handelt es sich um eine relativ junge Institution, wurde das **Instituto Valenciano de Arte Moderno** 1, kurz IVAM genannt, doch erst 1989 von der Landesregierung ins Leben gerufen.

Von Eisenplastik bis Videokunst: Im IVAM finden ambitionierte Ausstellungen statt.

INFOS/ÖFFNUNGSZEITEN

IVAM 1: C. Guillén de Castro 118, www.ivam.es, Di–So 10–19, Fr 10–21 Uhr, 6 €, So Eintritt frei. Am Wochenende Führungen, ohne Voranmeldung

KULINARISCHES FÜR ZWISCHENDRIN

Im **Centro Cultural La Beneficiencia** befindet sich eine kleine, angenehm ruhige **Cafeteria** ❶ (Di–So 10–20 Uhr). Etwas lauter, dafür draußen, sitzt man in den Straßencafés in der kleinen Parkanlage der Calle Guillén de Castro. Ideal für ein Bierchen oder eine kleine Tapa ist z. B. **Bar-Restaurante Convento II** ❷ (Höhe Hausnr. 108, Mo–Fr 8–24, Sa/So 9.30–24 Uhr).

Cityplan: Karte 2, D 2 | **Bus** 5 Guillem de Castro-Na Jordana

Untergebracht in einem modernen Bau am Rand des Altstadtbezirks El Carmen soll das IVAM nicht einfach ein Gebäude mit Ausstellungsräumen sein, vielmehr soll hier die moderne Kunst des 20. Jh. erforscht und einem breiten Publikum zugänglich gemacht werden. So zählen zum Fundus über 10 000 Werke, die das modernere Kunstschaffen dokumentieren, wobei oftmals ein direkter Bezug zur spanischen Szene, respektive zu spanischen Künstlern geschaffen wird. Eine besondere Vorliebe und Kompetenz hat das Institut in den Bereichen des grafischen Designs, der Fotografie und der Fotomontage entwickelt, rund 5000 Exponate dieser Art sind in seinem Besitz.

Vom Schweißer zum Eisenplastiker

Die erste von insgesamt drei Dauerausstellungen ist dem Eisenplastiker **Julio González** gewidmet, der 1876 in Barcelona geboren wurde und 1942 in Paris starb. Eigentlich wollte González, der um 1900 in Paris lebte und Kontakte zu Pablo Picasso und Georges Braque hatte, sich auch der Malerei widmen, stellte aber fest, dass ihm das Talent fehlte. Also ließ er es sein und arbeitete bei dem damals noch jungen Autobauer Renault als Schweißer. Mit der Zeit begann González, aus Eisen Figuren und Formen zu biegen, zu hämmern und zu schweißen und wurde dadurch, wohl ganz unbewusst, zu ei-

▶ INFOS & LESESTOFF

Bis vor wenigen Jahren konnte man die Galerien für moderne Kunst in Valencia an einer Hand abzählen, heute öffnen da und dort immer wieder neue **Kunsträume.** Etwas über ein Dutzend Galerien haben sich in einem Verband zusammengeschlossen und wenden sich mit einer gemeinsamen Website an Kunstinteressierte, auch auf Englisch. www.lavac.es.

Die Galerie 2 des IVAM ist dem Eisenplastiker Julio González gewidmet, hier seine Arbeit »Frau vor dem Spiegel« (»Mujer ante el espejo«) von 1936/37.

nem der ersten, modernen Eisenplastiker. González machte sich in den Pariser Künstlerkreisen einen Namen und zeigte ab 1923 sogar Picasso den Umgang mit Eisen als Skulpturenmaterial. Heute stehen die Werke von Julio González in den berühmtesten Museen der Welt: vom Centre Pompidou in Paris über das Centro de Arte Reina Sofia in Madrid bis zum Museum of Modern Art in New York. Die größte Werksammlung befindet sich jedoch hier in Valencia.

Die zweite Dauerausstellung ist **Ignacio Pinazo** (1849–1916) gewidmet, der zu den renommiertesten Malern Spaniens gehörte. In Valencia geboren, verbrachte er viele Jahre in Rom, um dann jedoch wieder in seine Heimatstadt zurückzukehren und bis zu seinem Tod in seinem Atelier im Vorort Godella zu arbeiten. Im Fundus des IVAM lagern rund 100 Gemälde und 600 Zeichnungen, von denen immer wieder neue Arbeiten zu sehen sind.

Immer was Neues

Der Großteil der Museumsräume verändert sich jedoch ständig. Bei den **Wechselausstellungen** zeigt sich das Museum weltoffen: Architekturzeichnungen aus Buenos Aires oder Videokunst aus China finden im IVAM ebenso ihrem Raum wie Werkschauen von Joseph Beuys, Jasper Johns, Anthony Caro, Robert Rauschenberg oder Jean Tinguely. Aber auch heimischen Künstlern bietet das Museum eine Bühne: Dem bekannten Karikaturisten Antonio Mingote (1919–2012) wurde ebenso eine Ausstellung gewidmet wie etwa den Bildern des spanischen Filmregisseurs Bigas Luna (1946–2013).

Wie schon erwähnt, hat der IVAM auch die Aufgabe einen Kunstdialog mit der Bevölkerung zu führen. So finden immer wieder verschiedenste **Veranstaltungen** statt: Workshops für Familien mit Kindern, Vorträge und Vorlesungen, Künstlergespräche oder Konzerte.

N NAVARRO

Kunst im öffentlichen Raum: Der Name **Miquel Navarro** ist zwar den wenigsten in Valencia ein Begriff, die Werke des 1945 in der Stadt geborenen Künstlers kennt aber jedes Kind. Sein Werk **El Parotet** (🕮 J 7), »Die Libelle«, steht auf der Glorieta de Europa, und dass seine Brunnenskulptur im Volksmund **Fuente de la Pantera Rosa** (🕮 E 7), »Brunnen des Rosa Panthers«, genannt wird, nimmt der Künstler mit Humor auf.

→ UM DIE ECKE

Zum Hauptgebäude des IVAM gehört noch ein Untergeschoss, das durch einen separaten Eingang betreten wird. In der **Sala de la Muralla** ist nicht nur ein Teil der historischen Stadtmauer freigelegt, zu sehen sind hier vor allem Fotografien, Zeichnungen oder Radierungen.

Eintauchen in das Valencia von einst – **Casa-Museo Benlliure**

7

Früher Wohnhaus und Atelier der Künstlerfamilie Benlliure, bildet dieses museale Kleinod eine Zeitinsel der Vergangenheit und der Ruhe, denn es vermittelt einen lebendigen Eindruck des bürgerlichen Valencia um die Wende zum 20. Jahrhundert: Wer schöne Dinge mag, sollte der Casa-Museo Benlliure einen Besuch abstatten.

Dass die Familie Benlliure eine künstlerische Ader hatte, ist wohl unbestritten, denn schon der Vater Juan Antonio verdiente sein Brot als Dekorationsmaler in den Häusern der gehobenen Gesellschaft Valencias. Und von den sechs Kindern widmeten sich drei dem Kunstschaffen, wobei sich die beiden Brüder José (1855–1937) und

Aus der Zeit gefallen? Zumindest scheint die Zeit in José Benlliures Atelier stehen geblieben zu sein.

Juan Antonio (1859–1930) als Maler und Mariano Benlliure (1862–1947) als Bildhauer hervorgetan und sich auch außerhalb Spaniens einen Namen gemacht haben.

Ü ÜBRIGENS

Nicht nur der Hamburger Maler Hermann Kauffmann belegt die Kontakte der Benlliures nach Deutschland. 1894 wurde der ›Bildhauer-Bruder‹ Mariano Benlliure bei der internationalen Kunstausstellung in München mit einer Goldmedaille ausgezeichnet. Seine damals preisgekrönte Brunnenskulptur, dem Marqués de Campo gewidmet, steht auf der Plaza Cánovas del Castillo (🕮 G 5).

Leben wie die Bourgeoisie Valencias

Die Benlliure-Brüder wuchsen in eher bescheidenen Verhältnissen im Altstadtviertel El Carmen auf, dank seines Erfolgs konnte José Benlliure dann 1912 das Haus in der heutigen Calle Blanquerías (Nr. 23) erwerben. Seine Tochter Maria schenkte es 1957 mit allem Drum und Dran der Stadt Valencia – und die hat es der Öffentlichkeit zugänglich gemacht. Das **Museum** 1 ist nicht nur eine Hommage an die Brüder Benlliure, sondern zeigt auch, wie die Bourgeoisie Valencias früher lebte.

Im **Erdgeschoss** liegen die früheren **Wohnräume** der Familie, die mit sehr viel Liebe zum Detail wiederhergerichtet worden sind. Die reich verzierten Möbel, die Jugendstillampen und die – bis zum Hutständer – genau platzierten Gegenstände: Fast ist es, als machte man einen Zeitsprung, hätte teil am Alltag der Benlliures, als träte gleich ein Mitglied der Familie zur Tür herein … Wie in einem Künstlerhaus nicht anders zu erwarten, sind die Wände voller Bilder: eigene Werke, aber auch Arbeiten be-

INFOS/ÖFFNUNGSZEITEN

Casa-Museo José Benlliure 1**:** C. Blanquerías 23, Di–Sa 10–14, 15–19, So 10–14 Uhr, 2 €, So Eintritt frei

KULINARISCHES FÜR ZWISCHENDRIN

Authentisch valencianisch sind die Lokale ums Eck. Entweder man kauft sich etwas in der **Pastelería Conchín** ❶ (C. Salvador Giner 6) – im selben Gebäude befindet sich das vegetarische Restaurant **La Tastaolletes** (► S. 91) –, oder man setzt sich ins **A Mos Redó** ❷ (C. Salvador Giner 4, So–Do 8–23.30, Fr/Sa 9–24 Uhr). Wirtin Cristina Rincón betreibt ihr Lokal nach dem Motto »von Nachbarn für Nachbarn«. Neben kleinen Snacks für Zwischendurch bietet sie auch ein Mittagsmenü mit einfacher Hausmannskost.

Cityplan: Karte 2, D/E 2 | **Bus** 5, 28, 95 Blanquerías

Gediegene Eleganz der Bourgeoisie: So wohnte die valencianische Künstlerfamilie Benlliure, die selbst für den Bilderbehang an den Wänden sorgte.

freundeter Maler wie etwa Joaquín Sorollas oder des Hamburger Landschaftsmalers Hermann Kauffmann (1808–89).

So ein Haus hätte man heut gern

Die oberen Stockwerke dienen als **Museums- und Ausstellungsräume.** In der **ersten Etage** sind Gemälde von José, dem Hausbesitzer, zu sehen, während der **zweite Stock** den Werken seines Sohnes Peppino sowie Josés Bruder Mariano gewidmet sind (noch mehr Benlliure-Kunst ist im Museo de Bellas Artes de Valencia zu bewundern, ▶ S. 79). In den Räumen in der **obersten Etage** finden regelmäßig **Werkschauen anderer Künstler** statt.

Durch das Wohnhaus gelangen Sie in den wunderbaren **Garten** des Anwesens: Eine leicht verwilderte Anlage mit Palmen und Orangenbäumen und den für Valencia typischen Kachel- und Keramikelementen als Mauerdekoration. Natürlich dürfen die Paella-Feuerstelle hinten im Garten sowie ein kleiner Springbrunnen in der Mitte der Anlage nicht fehlen.

Am Ende dieser kleinen Oase liegt das einstige **Atelier,** dessen Eingang an eine Kapelle erinnert. Im **Erdgeschoss** dokumentiert eine Videoprojektion das Leben von José Benlliure und anhand von Schautafeln können Sie sich einen Überblick über den weitverzweigten Stammbaum der Künstlerfamilie verschaffen.

Eine kurze Treppe führt hoch ins eigentliche **Atelier,** das ein wahrer Genuss für Kunstfreunde und Antiquitätenliebhaber ist. Staffeleien und Kunstwerke, von Reisen mitgebrachte Objekte und Trouvaillen jeglicher Art füllen den Raum. Auch hier scheint die Zeit stehen geblieben zu sein. Sind die Schritte auf der Treppe vielleicht doch vom Maler selbst, der in sein Atelier zurückkommt?

M
MARIANO

Mariano, der Bildhauerbruder unter den Benlliures, war seinerzeit das wohl populärste der Künstlergeschwister. Jede Stadt in Spanien, die Anfang des 20. Jh. etwas auf sich hielt, kaufte sich einen Mariano Benlliure. Wenn Sie also wieder einmal nach Spanien kommen, werden Sie Werke dieses valencianischen Kunststars von einst überall wiederfinden: in Madrid, Zaragoza, Málaga, Palma de Mallorca, Bilbao, Sevilla und und und …

#8

Kunstvolle Keramik – **Palacio del Marqués de Dos Aguas**

Ein Adelspalast wie aus dem Märchenbuch: Verschwenderisch ausgestaltete Räume mit kunstvollen Marmorböden, reich dekorierten Möbeln und wunderbar stuckierten Decken locken die meisten Besucher in dieses Stadtpalais. Dabei birgt es auch das spanische Nationalmuseum für Keramik.

Die Sierra de Dos Aguas ist ein Hügelgebiet im Hinterland von Valencia. Von dort stammt das gleichnamige Adelsgeschlecht, das wiederum dem Stadtpalast, **Palacio del Marqués de Dos Aguas** 1, seinen Namen gab. 1699 hatte der erste Markgraf de Dos Aguas das damalige Gebäude, dessen Grundmauern aus dem 15. Jh. stammen, erworben, um in Valencia eine seinem noblen Titel entsprechende Residenz sein Eigen nennen zu können.

Bei einer solchen Fassade braucht es keine Hausnummer – Fabelwesen und Allegorien noch und nöcher schmücken das Alabasterportal des Markgrafenpalais.

Nicht kleckern, sondern klotzen

Das dachte sich wohl auch der dritte Marqués de Dos Aguas, als er 1740 den Auftrag gab, die Hauptfassade respektive den Eingang zu seinem

Palast zu verschönern. Das prächtige **Portal aus Alabaster** ist heute eine der meistfotografierten Sehenswürdigkeiten Valencias und in der Tat handelt es sich um ein wirklich beeindruckendes Bau- bzw. Kunstwerk, vor allem, wenn man sich die Zeit nimmt, die Figuren und Dekorationselemente genauer zu begutachten. Über dem Eingang thront, wie hätte es im damals so devoten Spanien anders sein können, die Heilige Jungfrau des Rosenkranzes, Schutzpatronin des Adelsgeschlechts. Die Männerfiguren links und rechts vom Eingang stellen die beiden großen Flüsse der Region dar: den Río Turia, der einst mitten durch Valencia floss, sowie den Río Júcar, der rund 40 km südlich der Stadt ins Mittelmeer mündet. Warum auf der linken Seite ein etwas grimmiger Löwe mit einer doch etwas übertriebenen Lockenmähne und auf der rechten Seite zwei Krokodile respektive Alligatoren abgebildet sind, weiß man heute nicht mehr so genau. Jedenfalls waren weder Krokodile noch Alligatoren je in Spanien heimisch ... Das Portal des Palastes ist nicht nur unterhaltsam anzuschauen, der sanfte Alabaster verführt Betrachter immer wieder dazu, ihn berühren, zu streicheln. Erschrecken Sie nicht, wenn Sie beim Abtasten des Steins zur Ordnung gerufen werden, offensichtlich wird das Anfassen der Figuren nicht gern gesehen!

Pracht und Prunk im Roten Salon. So lebte einst der Adel in Valencia.

Wohnen mit Stil

Dass die Marqués de Dos Aguas – egal ob Vater, Sohn oder Enkel – Freunde der schönen Dinge waren, wird Ihnen beim Rundgang durch die 16 Räume in der **ersten Etage** gut vor Augen geführt. Beim Anblick dieser verschwenderisch eingerichteten Zimmer und Säle werden Sie verstehen, was die meisten Besucher in diesen Palast zieht. Geschlemmt haben die Herrschaften damals im ganz in Rosa gehaltenen **Esszimmer,** dem *comedor,* sich zur Ruhe gebettet im von Gold dominierten **Schlafgemach.**

Beinahe alles, was in der **Salita de Porcelana,** im kleinen Porzellansaal, zu sehen ist, stammt aus Deutschland: Die Möbel sind aus Dresden, die Porzellanfiguren und die Lampe wurden in Meißen hergestellt. Beeindruckend sind auch die Stühle, Tische und Kommoden im Raucherzimmer, dem sogenannten **Fumoir.** Ebenfalls Zeugen

S SCHÖN REICH

Frei nach dem Motto »Gleich und gleich gesellt sich gern« scheint das Geld von einst, von dem der Palacio del Marqués de Dos Aguas Zeugnis ablegt, auch heute noch die Reichen und Schönen anzuziehen. Denn entlang der Calle Poeta Querol und ihrer Verlängerung, der Calle Marqués de Dos Aguas, reihen sich die teuersten Boutiquen Valencias: Louis Vuitton, Salvatore Ferragamo oder Loewe. Ich bin sicher, der Markgraf und seine Gattin wären hier gute Kunden gewesen.

›Wandmalerei‹ auf Valencianisch – Kacheln werden nicht nur einzeln als Schmuckelement eingesetzt, sondern auch zu Bildern zusammengefügt.

der Glanzzeiten von einst sind der **Rote Salon** sowie der **Salón de Baile,** der Tanzsaal, mit seinen Kronleuchtern, Spiegeln und Deckenmalereien. Kuriosum und Einöd zugleich ist zweifelsohne der von Fernost inspirierte **Salón Chino.**

Kurzum: Man stelle sich nur vor, wieviel Zeit die Steinmetze brauchten, um die Marmorböden zu verlegen, mit welcher Kunstfertigkeit die Schreiner und Schnitzer die Möbel fertigten und mit wie viel Feingefühl die Gipser von einst die Decken mit Stuck verzierten.

Keramik – Erbe der Mauren

Nach dem Rundgang durch die erste Etage sollten Sie unbedingt noch hoch in das **zweite**

INFOS/ÖFFNUNGSZEITEN

Palacio del Marqués de Dos Aguas 1: C. Poeta Querol 2, www.mecd.gob.es/mnceramica, Di–Sa 10–14, 16–20, So/Fei 10–14 Uhr, 3 €

El Patriarca 2: Ecke C. de la Nave/Pl. del Patriarca, http://patriarcavalencia.es, tgl. 10–18 Uhr, 3 €, Führungen durchs ganze Gebäude s. Website

KULINARISCHES FÜR ZWISCHENDRIN

Wer seinen Blick vom Alabasterportal nicht abwenden mag, setzt sich am besten gegenüber an einen der Bistrotische des **Le Marquis** ❶ (tgl. 7–23 Uhr), das zum Hotel Inglés gehört. Ruhe bietet die **Cafetería La Nau** ❷ (Mo–Fr 8–20, Sa 9.30–14.30 Uhr), die im historischen Gebäude der Universität von Valencia untergebracht ist, genau gegenüber dem El-Patriarca-Gebäude.

Cityplan: Karte 2, E 4 | **Bus** 26, 31 Marqués de Dos Aguas-Pau

Stockwerk gehen, denn dort befindet sich eine **historische valencianische Küche.** Diese wurde nicht nur mit viel Liebe zum Detail herausgeputzt und wieder eingerichtet, dank ihres Kachelschmucks zeugt sie auch von der für Valencia so typischen Keramikkunst.

Die Kunst, Tongefäße zu bemalen und zu brennen, ist ein wichtiges Vermächtnis der maurischen Kultur, und bis heute ist die valencianische Keramikkunst über die spanischen Landesgrenzen hinaus bekannt. Aus diesem Grund befindet sich das Nationale Keramikmuseum Spaniens, der **Museo Nacional de Cerámica y Artes Suntuarias González Martí,** nicht in der Hauptstadt Madrid, sondern eben in Valencia, im Palacio del Marqués de Dos Aguas.

Palacio del Marqués de Dos Aguas

Luxusgarage

Dass man als wohlhabender Markgraf nicht einfach so durch die Straßen Valencias schritt oder ritt, ist wohl selbstverständlich. Und da es ja damals noch keine Mercedes-Limousinen gab, setzte man sich stattdessen in Prunkkutschen, samtweich gepolstert und reich verziert. Eine Auswahl dieser historischen 1-PS-Luxuskarossen ist im Erdgeschoss des Palacio del Marqués de Dos Aguas, gleich am Ende des Innenhofs, zu bewundern.

UM DIE ECKE

Alles andere als luxuriös, nämlich nüchtern und streng, ist **El Patriarca** 2, keine fünf Gehminuten vom Palacio de Dos Aguas entfernt. Hinter hohen Mauern versteckt, an der Ecke der Calle de la Nave und der Plaza del Patriarca, befindet sich hier ein ehemaliges Priesterseminar aus dem 16. Jh. Es birgt eine kleine, aber überaus feine Pinakothek mit Werken von bedeutenden Künstlern wie El Greco, Caravaggio oder Dürer. Die einzige Parallele zum Palacio de Dos Aguas bzw. zu dessen Alabasterportal ist übrigens der ausgestopfte Kaiman, der gleich neben dem Eingang zur Kapelle hängt. Die einen sagen, das Tier hätten Priester aus den damaligen Kolonien mitgebracht, andere behaupten, man habe es im Albufera-See vor der Toren Valencias gefangen.

T TRENCADIS

Maurischen Ursprungs, und somit Teil der valencianischen Kultur, ist die Technik des *trencadis*, bei der Keramikbruchstücke in einer Art Mosaik in den Fassadenverputz eingelegt werden. In der **Ciudad de las Artes y las Ciencias** (▶ S. 70) sind zahlreiche Bauten wie etwa der Palau de les Arts Reina Sofía oder das Ágora-Gebäude mit solchen *trencadis*-Mosaiken verziert. Aber auch in anderen Regionen Spaniens waren diese ›Keramikpuzzles‹ beliebt, besonders in Barcelona, wo die Architekten rund um Gaudí diese Oberflächentechnik oft und gerne verwendeten, etwa im Parc Güell oder an der Sagrada Familia.

9

Fassadenwatching – **zwischen Bahnhof und Rathaus**

Prachtbau an Prachtbau reiht sich an der nur wenige Hundert Meter langen Avenida Marqués de Sotelo. Im nächtlichen Scheinwerferlicht kommen die Gebäude ganz besonders zur Geltung, haben die Spanier doch ein Faible für Fassadenbeleuchtungen und das Spiel mit Licht.

Autos und Busse drängeln sich auf der Fahrbahn, Fußgänger auf den Bürgersteigen – definitiv nicht das beste Umfeld für einen Hans-Guck-in-die-Luft ist die Avenida zwischen Rathausplatz und Nordbahnhof. Aber es lohnt sich immer wieder nach oben zu schauen, hinauf zu den Prachtbauten und ihren Fassaden, Zeugen des einstigen Reichtums der Stadt und der Liebe ihrer Architekten zum Detail.

Auch abends ein absoluter Hingucker – die Plaza del Ayuntamiento mit dem beleuchteten Rathaus

Gute Reise

Zehntausende Pendler strömen tagtäglich durch die **Estación del Norte** [1], ohne ein Auge für die Jugendstilarchitektur und die zahlreichen Keramikmosaiken zu haben, die aus dem Nordbahnhof eine wahre Perle des Modernismo machen. 1917 erbaut, zieren – wie kann es in Valencia auch anders sein – zahlreiche Orangenornamente die Fassade. Die Decken und Wände des Eingangsbereichs sind mit Keramikmosaiken verziert, aus dem gleichen Material ist auch das große Wandbild geschaffen, das in der einstigen *cafetería* zu sehen ist. Wenn Sie durch die rechten Türen den Nordbahnhof betreten, so wird Ihnen dieses Mosaikbild sicherlich gleich auffallen. Apropos auffallen: Mal schauen, ob Sie den Mosaikschriftzug »Gute Reise« im Innern des Bahnhofs finden. Tipp: Suchen Sie im Eingangsbereich …

Sicherheit in Stein gemeißelt

Altehrwürdige Versicherungsgesellschaften demonstrierten in der ersten Hälfte des letzten Jahrhunderts ihren Wohlstand durch pompöse Bauwerke. Ein solches Beispiel, das Gebäude von **La Unión y El Fénix Español** [2], haben Sie direkt rechts vor sich, wenn Sie mit dem Bahnhof im Rücken zum Rathaus schauen. Obenauf thront auch heute noch das Wappentier der Assekuranz, ein Phönix, der seinen Reiter jeden Moment in die Lüfte zu heben scheint. Etwas weiter, auf der linken Straßenseite, ziert ein auffälliger Turmaufbau das als **Casa del Chavo** [3] bekannte Eckgebäude aus den 1930er-Jahren. *Chavo* nannte man früher die Zehn-Cent-Münze, welche die Arbeiter in die Sozialkasse einbezahlten, die hier ihren Sitz hatte.

Nervenzentrum der Stadt

Der Rathausplatz bildet zweifelsohne das Nervenzentrum Valencias, so führen etwa die meisten Buslinien sternförmig zur **Plaza del Ayuntamiento.** Und auch die großen Volksversammlungen – anlässlich von *Fallas*-Feuerwerken, Fußballmeisterschaften oder politischen Demonstrationen – finden hier statt.

Umrahmt wird dieses Dreieck im Herzen Valencias einmal mehr von Prachtbauten wie etwa

W WECHSELHAFT

Namen sind oft ein Spiegel der Politik und politischer Veränderungen. In Spanien kommt es deshalb nicht selten vor, dass besonders wichtige Straßenzüge und Plätze mal wieder umbenannt werden. Ein gutes Beispiel dafür ist der **Platz vor dem Rathaus.** Während der Zweiten Republik hieß er nach dem Präsidenten der Ersten Republik **Plaza Emilio Castelar,** nach Francos Sieg wurde er zur **Plaza del Caudillo.** In den Anfangsjahren der jungen Demokratie taufte man den Platz 1979 in **Plaza del País Valenciano** (Platz des Landes Valencia) um, zehn Jahre später schließlich in **Plaza del Ayuntamiento,** Rathausplatz. Mit dieser politisch neutralen Bezeichnung sollte ein Namenswechsel in den kommenden Jahren nicht mehr nötig sein. Aber weiß man's?

Nicht nur von außen sehenswert – die Hauptpost von Valencia mit ihrem Fernmeldeturm.

dem **Edificio Vitálico** 4 oder **La Equitativa** 5 am südlichen Ende, beides wiederum Gebäude früherer reicher Versicherungsgesellschaften. Zweifelsohne am spektakulärsten ist jedoch die **Hauptpost von Valencia** 6 (Edificio de Correos), die 1922 nach sieben Jahren Bauzeit eröffnet wurde. Sie ist am stählernen Fernmeldeturm, der über dem Gebäude aufragt, selbst von Weitem gut zu erkennen. Auch wenn Sie keine Postkartengrüße nach Hause aufzugeben haben, lohnt sich ein Blick ins Innere, wo eine riesige Glaskuppel mit dem Stadtwappen in der Mitte die zweistöckige Schalterhalle überspannt.

Das Rathaus – rein und rauf

Wenn man den Hans-Guck-in-die-Luft-Spaziergang auf der Plaza del Ayuntamiento beendet, so fehlt einem natürlich noch das **Rathaus** 7 mit seiner aufwendigen Fassade. Kaum zu glauben, dass es erst 1934 vollendet wurde, denn die Dekorationselemente und Figuren lassen eher an die Zeit des Barock denken. Spannend ist hier

INFOS/ÖFFNUNGSZEITEN

Rathaus 7: Plaza del Ayuntamiento, Museum: Mo–Fr 9–14 Uhr, Eintritt frei

Museo Taurino 9: Passeig Doctor Serra 10, www.museotaurinovalencia.es, Di–Sa 10–19, So/Fei 10–14 Uhr, 2, erm. 1 €

KULINARISCHES FÜR ZWISCHENDRIN

Wenn Sie gerne in Ruhe speisen möchten, meiden Sie am besten die Fußgängerzone östlich der Avenida de Marqués de Sotelo sowie die Calle San Vicente, die vom Rathausplatz zur Plaza de la Reina führt, zumal dort in den vergangenen Jahren zahlreiche Touristenkneipen aufgemacht haben. Ich empfehle Ihnen vielmehr, die kleine, autofreie **Calle en Llop** 1 aufzusuchen oder die naheliegende **Plaza Rodrigo Botet** 2, im Volksmund Plaza de los Patos (Entenplatz) genannt. Dort finden Sie angenehme Restaurants und Straßencafés.

Cityplan: Karte 2, E 4/5 | **Metro** 3, 5, 9 Xàtiva, **Busstopp** Plaza del Ayuntamiento die Geschichte des **Balkons** an der Frontfassade, denn diesen ließ erst Diktator Franco Mitte der 1960er-Jahre ergänzen, um sich von dort seinem Volk zeigen zu können. Aber selbst in späterer Zeit musste man von Rang und Namen sein, um bei festlichen Anlässen auf dem Balkon des Rathauses stehen zu dürfen. Erst seit 2015 darf auch das ›Fußvolk‹ auf den Vorbau hinaustreten, um von dort den Blick zu genießen oder ein Foto zu machen. Sollten Sie also unter der Woche vormittags Besucher auf dem Balkon sehen, so können Sie versuchen, dem Rathaus von Valencia einen Besuch abzustatten. Einfach an den Polizisten am Eingang vorbei- und die große Marmortreppe hinaufgehen. Und wenn es mit der Balkonvisite nicht klappt, so kann man im selben Stockwerk das kleine **Stadtgeschichtliche Museum** besuchen.

UM DIE ECKE

Gleich neben der Estacion del Norte steht der nüchterne Rundbau der **Plaza de Toros** 8 (C. Játiva 28), der Stierkampfarena, in der bis zu 12 000 Zuschauer Platz finden. Toreros treten hier nur noch ab und zu auf, dafür finden in der Arena Rockkonzerte und Politmeetings statt, auch Zirkusse und neuerdings bayerische Bierfeste schlagen innerhalb der Rundmauern ihre Zelte auf. Über den Eingängen sind die Begriffe *sol* und *sombra* angebracht, denn durch diese erreicht man seinen Sonnen- oder Schattensitzplatz, wobei die Schattenplätze teurer sind als jene in der prallen Sonne. Wenn Sie mehr über den Stierkampf in Spanien wissen oder auch nur einmal in die Arena reinschauen wollen, besuchen Sie am besten das kleine **Museo Taurino** 9, das man über die Ladenpassage links der Plaza de Toros betritt.

Ein paar Schritte vom Rathausplatz entfernt, die Calle de la Barcas hinunter, befindet sich das Gebäude des **Banco de Valencia** 10 mit seinen Balkonen, Stuckaturen und Ornamenten. Besonders nachts, im Scheinwerferlicht, erstrahlt die Bank von Valencia in einem ganz besonderen Glanz. Ganz nach dem Motto »Mehr Schein als Sein« ging die Bank während der Wirtschaftskrise pleite und musste mit EZB-Geldern gerettet werden.

Obwohl es der Stierkampf in Sachen Beliebtheit kaum mit dem Fussball aufnehmen kann, ist in der Stierkampfarena von Valencia immer was los. Sind es nicht Toreros, die die Arena bevölkern, so sind es Musikstars, Polit-Meetings und der Weihnachtszirkus, die ihr Publikum anziehen.

T
TOREROS

Jeweils zu den *Fallas* kommen die namhaftesten Toreros des Landes, die an einem Abend durchaus mehrere Zehntausend Euro verdienen können, nach Valencia. Dabei wetteifern in der **Plaza de Toros** immer drei Stierkämpfer um die Gunst des Publikums, das darüber entscheidet, wer die beste Leistung erbracht hat.

10

Das elegante Valencia – **Ensanche**

Die Straßen links und rechts der Gran Vía Marqués del Turia mit ihren Boutiquen, Restaurants und Anwaltskanzleien zählen zu den besten Adressen der Stadt. Treffpunkt, nicht nur für die Schickeria, ist der Mercado de Colón mit seinen Straßencafés.

Die Straßenzüge des Ensanche-Viertels zeigen, wie gut situierte Bürger in Valencia vor hundert Jahren wohnen wollten. Heute sind die Fassaden ein kostbares Zeitdokument – und auch weiterhin eine der besten Adressen der Stadt.

Bereits Mitte des 19. Jh. spielten die Stadtplaner mit der Idee, Valencia zukunftsorientiert zu vergrößern. Man wollte den neuen Stadtteil, ähnlich wie in Barcelona oder New York, schachbrettartig anlegen. Es galt, nicht nur die Stadt als solche zu erweitern, auch die Straßen und Bürgersteige sollten im neuen Bezirk großzügiger werden. So entstand *Ensanche* bzw. auf Valencianisch *Eixample,* die Verbreiterung oder Erweiterung Valencias. Für Besucher ist dieser Teil der Stadt we-

gen der zahlreichen Geschäfte und Gastronomiebetriebe ein beliebtes Shopping- und Ausgehziel, Architektur- und Jugendstilliebhaber schlendern hier begeistert durch die Straßen.

Juwel des Modernismo

Modeströmungen und Tendenzen haben schon immer die Architektur beeinflusst. Anfang des 20. Jh. war der Modernismo, die spanische Version des Jugendstils, en vogue. Der damalige Stadtbaumeister hatte in Barcelona studiert und dort Kontakt zu Antoni Gaudí gehabt, was den neuen Trend zusätzlich beflügelte. Im Zuge der Stadterweiterung entstand zwischen 1912 und 1914 auch der **Mercado de Colón** 1. Das offene Bauwerk mit seiner Stahlkonstruktion, die beiden Frontseiten mit ihren Torbögen, die kleinen Türme sowie die farbenfrohen Mosaikbilder an der Außenfassade machten schon damals aus dieser Markthalle ein Juwel des Jugendstils.

2003 wurde der Kolumbusmarkt von Grund auf saniert, der Glanz, den er einst hatte, ist wieder da. Im Untergeschoss findet man neben einigen Gourmet-Marktständen auch verschiedene Restaurants, auf Straßenebene prägen Cafés und Bars das Bild. Kein Wunder also, dass der Mercado de Colón zu einem überaus beliebten Treffpunkt geworden ist. Und zwar nicht nur im Sommer, sondern auch im Winter, denn dank der Überdachung kann man auch in der kühleren Jahreszeit bestens ›draußen‹ sitzen.

Boutiquen, Anwälte und der liebe Gott

Vorbei am Mercado de Colón und parallel zur Einkaufsstraße **Calle Colón** verläuft die **Calle Cirilo Amorós.** Die schmale Allee und ihre Querstraßen gehören zum teuersten Pflaster Valencias: Hier gibt es edle Modeboutiquen, schicke Friseurläden und exklusive Schönheitspraxen. In der Calle Pizarro reiht sich eine Anwaltskanzlei an die nächste, diskret-dunkelblaue Anzüge gehören hier zum Stadtbild. Wer sich hier eine Jugendstilwohnung kaufen möchte, muss tief in die Tasche greifen, beginnt doch das Angebot bei etwa 1,5 Mio. € für 285 m².

Kirchen sind ja normalerweise freistehende Bauten, im Ensanche-Viertel hingegen wurden einige Gotteshäuser in die neue Bausubstanz in-

Hübsch sind die Apfelsinen und Trachtenfrauen der Mosaikfassade des Mercado de Colón, hübsch sind auch die ›Beautyful People‹ Valencias, die sich in den Cafés innerhalb der historischen Markthalle treffen.

P
PASO DOBLE

Beinahe jeden Sonntag (außer in den Sommerferien) findet um 12 Uhr im **Mercado de Colón** 1 ein **Platzkonzert** valencianischer Marsch- und Blaskapellen statt. Gespielt werden meistens beliebte Paso-Doble-Melodien und, traditionsgemäß zum Schluss, die valencianische Landeshymne. Ideal also, um in einem der Cafés ein spätes Sonntagsfrühstück zu sich zunehmen.

INFOS/ÖFFNUNGSZEITEN

Mercado de Colón 1: C. Jorge Juan 19, www.mercadocolon.es, tgl. 7.30–2 Uhr
San Juan y San Vicente 2: C. Isabel la Católica 13
Acuarium 1: Gran Vía Marqués del Turia 57, T 963 51 00 40, Mo–Do 7–1.30, Fr–So ab 8 Uhr

KULINARISCHES FÜR ZWISCHENDRIN

Seit gefühlten 1000 Jahren immer gut für Tapas ist der **Restaurante Canovas** 1 (Pl. Canovas del Castillo 10, tgl. 8–24 Uhr). Aber auch die Mittagsmenüs (14 €) sind hier lecker. Je nach Gusto können Sie natürlich auch in einem der Lokale in den *calles* Conde Altea oder Burriana einkehren.

SHOPPEN IM VORBEIGEHEN

Dass die Spanier ihre Kinder verehren, zeigt sich auch daran, dass sie ihre Jungen und Mädchen gerne hübsch anziehen: Kleidchen, Haarschleifen und kleine Lodenmäntelchen. In den Straßen zwischen der Gran Vía und der Calle Colón, rund um den Mercado de Colón, befinden sich mehrere solcher edlen **Kinderkleiderboutiquen.** Durchaus unterhaltsam ist es, dort in die Schaufenster zu schauen.
Die **Oleoteca Gourmet La Chinata** 1 (C. Sorní 28, www.lachinata.es, Mo–Sa 10–14, 17–20.30 Uhr) ist ein kleiner, hübscher Laden, in dem man alles findet, was man aus Oliven herstellen kann: ausgewählte Premiumöle, Olivenöl als Spray, Oliven aus Schokolade, leckere Patés und verschiedenste Gewürze, aber auch Beautyprodukte wie Seifen, Cremes und Shampoos. Geschenkartikel wie etwa Olivenöl in kleinen Flaschen oder Küchenaccessoires runden das Angebot ab. Alles ist schön verpackt, ideal als Geschenk für die Daheimgebliebenen.

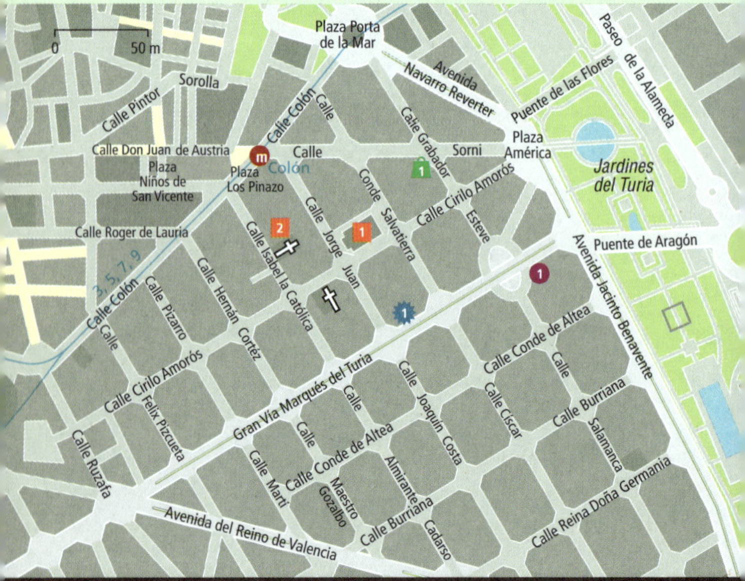

Cityplan: F-H 5/6 | **Metro** 3, 5, 7, 9 Colón

tegriert. Die **Iglesia San Juan y San Vicente** 2 an der Calle Isabel la Católica betritt man durch eine ganz normale Hausfassade. Eine praktisch-pragmatische Lösung, die man in Valencia immer wieder vorfindet.

Inmitten des Verkehrsgewühls der Gran Vía Marqués del Turia geben sich die Valencianos der Muße hin. Was braucht der urbane Mensch mehr als einen Grünstreifen zwischen dahinbrausenden Autos?

Imposante Allee

In der Mitte der breiten Gran Vía Marqués del Turia, die das Ensanche-Viertel durchquert, erstreckt sich eine schmale **Gartenanlage** mit hohen Bäumen, die mal für eine Skulpturenausstellung, mal für einen Buchmarkt genutzt wird. Dass es sich die Valencianos gerne überall gemütlich machen, beweisen auch die Cafés, die auf diesem Mittelstreifen ihre Kunden bedienen. Zu beiden Seiten rauscht der Verkehr vorbei, aber das ist Nebensache. Und dass die Kellner beim Servieren die Straße überqueren müssen und dabei nicht immer auf das Grün der Fußgängerampeln warten, ist in Valencia ebenso okay.

Beliebtes Restaurantviertel

Das Schachbrettmuster der Straßen zieht sich hin bis zum Stadtrand. Besonders beliebt sind die ersten beiden Parallelstraßen zur Gran Vía Marqués del Turia, die **Calle Conde Altea** und die **Calle Burriana.** Das Angebot an Cafés, Bars und Restaurants ist hier besonders groß und vielfältig, wobei für jeden Geschmack etwas angeboten wird. Asiatische Küche findet man ebenso wie gehobene spanische Gastronomie oder – gerade entlang der Conde Altea – zahlreiche italienische Restaurants.

Was für ein schönes Gesicht. Dabei ist es schon rund hundert Jahre alt und ein Zeitzeuge des Modernismo.

Elegante Damen und distinguierte Herren

Ausgehen ist in Spanien nicht ein Privileg der Jugend, gerade in spanischen Städten ist es üblich, dass man sich auch als Fünfzig-, Sechzig- oder Siebzigjährige mit Freunden verabredet, um etwas zu unternehmen. Im Ensanche-Viertel ist es daher keine Seltenheit, eine Gruppe von *amigas* zu sehen – alle Freundinnen längst im Rentenalter, picobello herausgeputzt – die zuerst ins Kino und danach etwas trinken gehen. Eine bei diesem Publikum beliebte Evergreen-Bar ist **Acuarium** 1 an der Gran Vía Marqués del Turia – dort ein Getränk zu bestellen, kann durchaus amüsant sein.

#11

Multikulti-Viertel – **Ruzafa**

Ruzafa, Schmelztiegel und Multikulti-Viertel Valencias, hat sich zum ›Place to be‹ der Stadt entwickelt. Daher gilt besonders hier: Lassen Sie sich treiben und entdecken Sie auf eigene Faust die neusten Trendspots!

Zu Zeiten der Mauren war Ruzafa ein kleiner Weiler vor den Toren der Stadt und auch danach war es mehrere Hundert Jahre lang ein unabhängiges Dorf. Erst 1877 wurde Ruzafa eingemeindet und gehört seither eigentlich zum vornehmen Ensanche-Stadtbezirk. Man braucht aber nur den Stadtplan anzuschauen, um festzustellen, dass der Kern dieses *barrio* rund um den Mercado de Ruzafa wenig gemeinsam hat mit dem Schachbrettmuster des begüterten Nachbarviertels.

Schmelztiegel der Kulturen

Eingepfercht zwischen den Gleisen des Bahnhofareals und den beiden viel befahrenen Straßen Gran Vía Marqués del Turia und Avenida Peris

Einfach loslaufen und Neues entdecken …

y Valero, bot Ruzafa einst besonders günstigen Wohnraum, weshalb sich hier viele Emigranten aus Asien und Afrika niederließen. Lange fristete dieses Stadtviertel ein marginales Dasein, zumal sich die konservative Stadtverwaltung nicht wirklich um diesen Bezirk kümmerte. Und obwohl sich das Verständnis der Stadtplaner gegenüber Ruzafa um 180 Grad gedreht hat, leben hier auch heute noch viele Chinesen und Marokkaner. Noch, denn wenn ein Stadtbezirk in Mode kommt, steigen die Mieten und die ursprüngliche Bevölkerung wird verdrängt.

Aufbruch in neue Zeiten

Zu Zeiten des Baubooms um das Jahr 2005 bestanden Pläne, den Bahnhof Valencias unter die Erde zu verlegen und aus den alten Gleisanlagen einen Park zu machen, den **Parque Central.** Daraufhin stieg das Interesse am benachbarten Ruzafa-Viertel, erste Investoren begannen, günstig Immobilien aufzukaufen. Die Wirtschaftskrise am Ende des ersten Jahrzehnts im neuen Jahrtausend ließ dieses Mammutprojekt platzen wie eine Seifenblase. Profitiert von jenem Aufschwung hat jedoch Ruzafa als Stadtviertel, war es doch plötzlich wieder ins Bewusstsein der Stadtväter gerückt. In der Folge investierte die öffentliche Hand in die Gegend zwischen Calle Sueca und Calle Pintor Salvador Abríl: Rund um die Markthalle wurden die Bürgersteige verbreitert, einige Straßen sogar in Fußgängerzonen umgewandelt.

Authentisches Markttreiben

Das Herz dieses Bezirks bildet die Plaza Barón de Cortés, deren Name eigentlich keiner kennt. Doch die Markthalle, die sich auf diesem Platz befindet, kennt jedes Kind: den **Mercado de Ruzafa** 1. Der Betonbau aus dem Jahr 1957 ist alles andere als eine architektonische Perle, woran auch die bunt gestrichenen Betonlamellen nichts ändern. Doch was zählt, ist das Innere mit über 100 Ständen. Ein Spaziergang durch und rund um die Markthalle lohnt sich, werden Sie doch neben dem üblichen Angebot an Frischwaren z. B. auch valencianisches Bier oder einen Fahrradladen finden.

Zum Herzen von Ruzafa gehört auch die **Iglesia San Valero** 2, ein aus Ziegeln errichtetes Gotteshaus aus der Zeit des Barock. Zwei Mal – 1415 und 1936 – fiel sie dem Feuerteufel zum Opfer.

E
ENDLICH!

Nun kommt er doch, wenn auch in abgespeckter Version: Der **Parque Central**, der einst Grund für das En-vogue-Werden des Ruzafa-Bezirks war. Die Stadtverwaltung hat damit begonnen, die Gleisanlagen zwischen der Giorgeta-Brücke und der Calle Filipinas abzubauen, um daraus Grünflächen zu machen. Gleichzeitig werden alte Bahngebäude so renoviert, dass sie in Zukunft für kulturelle Zwecke genutzt werden können. Mal schauen, wie weit die Bauarbeiten sind, wenn Sie nach Valencia reisen.

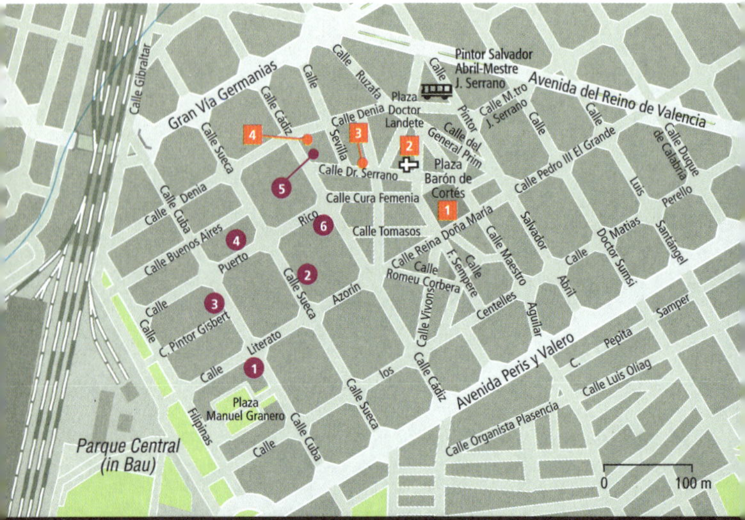

Cityplan: E/F 6/7 | **Bus** 6, 14, 15, 35 Pintor Salvador Abril-Mestre J. Serrano

INFOS/ÖFFNUNGSZEITEN

Mercado de Ruzafa 1: Pl. Barón de Cortés, s/n, http://mercatderussafa.com, Mo–Sa 8–14 Uhr
San Valero 2: C. Carlos Cervera 11
Mercadillo 3: zwischen C. Denia und Mercado de Ruzafa, Mo 9–14 Uhr
Espai Tactel 4: C. Denia 25, http://espaitactel.com

KULINARISCHES FÜR ZWISCHENDRIN

Lamaldo 1: C. Literato Azorín 17, T 963 41 79 15, http://lamaldo.es, Mi–Mo 13–17, 20–0.30 Uhr, 7–10 €
El Rodamón 2: C. Sueca 47, T 963 21 80 14, www.elrodamon.com, Di 20.30–23.30, Mi–Mo 14–16, 20.30–23.30 Uhr, um 10 €
Dulce de Leche 3: C. Cuba 46 Bajo (Ecke C. Gisbert Pintor, www.pasteleriadulcedeleche.com, T 960 03 59 49, tgl. 9–21 Uhr
Restaurante Zakaria 4: C. Puerto Rico 26, T 638 24 97 38, tgl. 13.30–24 Uhr, während des Ramadan nur abends, Menü ab 12 €, gelegentlich Bauchtanz (meist am Freitagabend)
Taberna Cubana Salsavana 5: C. Cadiz 27, T 963 80 31 36, http://salsavana.com, tgl. 20–2 Uhr, Menü ab 16 €
Andere kommen und gehen: Aber das **Café Tocado** 6 an der Calle Cadiz 44 ist der Methusalem von Ruzafas Gastroszene, denn hier traf man sich schon, als das Viertel noch nicht im Trend lag. Kaum zu glauben, aber das Café hat nicht mal eine eigene Website! Somit gilt: zwischen Dienstag und Samstag ab 19 Uhr einfach hingehen und es sich gemütlich machen.

Alles andere als cool, dafür aber absolut spanisch-authentisch, ist Ruzafa immer montagvormittags, wenn zwischen der Calle Denia und der Markthalle der **Mercadillo** 3 aufgebaut wird. Auf dem von fliegenden Händlern, darunter vielen *gitanas* (spanische Roma-Frauen), beschickten Markt wird alles angeboten, was man sich vorstellen kann: vom Dosenöffner oder Knoblauch über gebrauchte Klamotten bis hin zu gefälschtem Parfüm und Unterhosen mit falschem Etikett. Auch wenn Sie nichts kaufen wollen, sollten Sie sich ins Gewühl stürzen. Sie werden feststellen, dass Valencia manchmal gar nicht so weit von einem marokkanischen Basar entfernt ist.

Gastronomie der Kulturen

Der Barrio de Ruzafa ist gerade unter kulinarischen Aspekten ein spannendes Pflaster, zumal laufend neue Lokale mit innovativen Kochideen ihre Türen öffnen. Doch weiß man nie, ob eine mit viel Enthusiasmus eröffnete Kneipe ihr erstes Jahr übersteht. Eines der ersten modernen Restaurants in diesem Bezirk, das sich bisher gehalten hat, ist die Bodega **Lamaldo ❶.** In dem schick designten Lokal gibt es spanische wie internationale Gerichte. Ebenfalls zu bewähren scheint sich **El Rodamón ❷,** wo Fusion großgeschrieben wird.

Vor allem aber lässt sich im Ruzafa-Viertel, dem Schmelztiegel der Kulturen, eine gastronomische Weltreise unternehmen. *Dulce de Leche* ist die nationale Süßspeise Argentiniens, und um die gleichnamige **Konditorei ❸** sollten Kalorienbewusste besser einen Bogen machen: Die Torten, Muffins etc. sind einfach zu verlockend! Ganz ohne Schnickschnack kommt das **Restaurante Zakaria ❹** aus, dafür steht im nach ihrem Sohn benannten Lokal Wirtin Amina am Herd und bereitet authentische Speisen aus ihrer Heimat Marokko zu: Hummus, Couscous, Tajine. Besonders lecker ist ihr Lamm mit Zwetschgen. ›Von und für‹ ist auch das Konzept der **Taberna Cubana Salsavana ❺:** Hier treffen sich Emigranten von der Zuckerinsel zum Essen, um Mojito zu trinken und Salsa-Rhythmen zu frönen.

Ruzafa ist multikulti, modern, in – und traditionell. Das spiegelt sich auch im gastronomischen Angebot wider, das man drinnen in den Lokalen oder draußen in den Gassen und auf den Plätzen genießen kann.

UM DIE ECKE

Galerien gibt es in Valencia nicht viele, und auch im Barrio de Ruzafa kann man die Ausstellungsräume und Kunsthändler an einer Hand abzählen. Und so ist der **Espai Tactel** 4 eine interessante Ausnahmeerscheinung, bietet dieser Kulturraum doch eine spannende Auseinandersetzung mit der Kunst.

12

Laut und geistreich zugleich – **Fallas, das Frühlingsfest**

Valencia ohne Fallas? Das gibt es nicht, das ist ein Ding der Unmöglichkeit. Schließlich prägt das Frühlingsfest das soziale und gesellschaftliche Leben der Stadt das ganze Jahr hindurch.

Es gibt Dinge im Leben, die muss man erlebt haben, und das große Frühlingsfest von Valencia ist solch ein Ereignis, das gerade bei ausländischen Besuchern Verwunderung, Unverständnis und Begeisterung zugleich hervorruft. Die *Fallas* sind weit mehr als eine Fiesta, denn sie spiegeln die Lebensphilosophie der Einwohner Valencias wider. Deshalb sollten auch diejenigen, die nicht zwischen dem 12. und 19. März die Stadt besuchen, etwas darüber erfahren.

Erschaffen, um dann zu brennen: Die farbenfrohen Fallas-Monumente sind dem Untergang geweiht.

Adiós, Winter!

Vielerorts in Europa ist es Tradition, den Winter mit einem Fest zu verabschieden: In Zürich etwa wird ein künstlicher Schneemann auf einem riesigen Holzscheit verbrannt, in Norddeutschland zieht der Hamburger Frühlingsdom alljährlich Tausende Besucher an. In dieser Tradition stehen auch die **Fallas.** Früher stapelten die Tischler und Schreiner von Valencia ihre angesammelten Holzreste auf den Plätzen der Stadt auf und zündeten sie am Namenstag ihres Schutzpatrons, des hl. Josef, an. Irgendwann hat dann ein Scherzkeks eine Holzfigur gezimmert und ebenfalls auf den Scheiterhaufen gestellt. Inzwischen sind daraus wahre Kunstwerke geworden, meterhohe Skulpturen aus Holz, Pappmaschee und Styropor, die aktuelle Themen aufgreifen und Persönlichkeiten auf die Schippe nehmen. Rund 700 solcher *Fallas*-Monumente werden in der ganzen Stadt aufgebaut, sodass es während des Frühlingsfestes für Autos beinah kein Durchkommen mehr gibt. Dafür wird Valencia zu einer wahrhaftig einmaligen, riesigen Open-Air-Skulpturengalerie – bis zur Feuernacht des 19. März, wenn alle *Fallas*-Monumente abgefackelt werden. Irgendwie schade, aber so ist das Leben! Und im nächsten Jahr gibt es ja neue. Sowieso sind die Valencianos zutiefst davon überzeugt, dass man immer nach vorne schauen soll. Mediterrane Optimisten …

Auch vor Löwen macht die Feuernacht des 19. März nicht halt.

Blumen für die Schutzheilige

Geprägt von tiefen Emotionen ist die zwei Tage dauernde **Ofrenda de Flores,** die jeweils am 17. und 18. März stattfindet. Etwas über 100 000 Trachtenträger nehmen am Blumenumzug zu Ehren der Virgen de los Desamparados, der Stadtheiligen, teil. Begleitet von Musikkapellen ziehen die *falleros* von ihren Vereinslokalen zur Plaza de la Virgen, die sich in ein buntes, schwerduftendes Blumenmeer verwandelt.

J
JOSEF

In Spanien wird am 19. März, dem Tag des hl. Josef, der Vatertag begangen. Außerdem werden in Spanien die Namenstage beinahe wie Geburtstage gefeiert. Und da José ein weit verbreiteter Vorname ist, sowohl bei Männern wie auch bei Frauen (z. B. María-José, Josefina), hat sozusagen halb Spanien am 19. März Namenstag. Das erhöht die Feierlaune.

Spaniens Pyromanen, vor allem laut

Die *Fallas* sind vor allem anderen eine laute Angelegenheit, denn die Valencianos lieben Feuerwerk jeglicher Art. In der Tat hat das Schießpulver in dieser Stadt eine lange Tradition, hiesige Pyrotechnikfirmen genießen Weltruhm und zünden auf der ganzen Welt ihre Feuerwerke. Während der letzten Tage des Frühlingsfestes kommen jede Nacht Hunderttausende Einheimische und Touristen zusammen, um die Feuer- und Lichtspektakel zu bewundern, die im alten Turia-Flussbett gezündet werden.

Nächtliche Feuerwerke kann man überall auf der Welt bewundern, doch nur in Valencia gibt es die sogenannten *mascletàs,* die nur aus Krachern und Granaten bestehen und die während der *Fallas*-Zeit jeden Tag um 14 Uhr auf dem Rathausplatz gezündet werden. Zehntausende versammeln sich auch hier bereits ein, zwei Stunden vorher auf der Plaza del Ayuntamiento, um das knapp fünf Minuten dauernde Spektakel mitzuerleben. Was für die meisten Touristen lediglich ein ohrenbetäubender Lärm ist, klingt für die Valencianos wie Musik in den Ohren. Die Feuerwerker werden wie Helden gefeiert und beim anschließenden Bierchen werden Rhythmus, Petardenkategorie und Rauchentwicklung fachkundig kommentiert.

Museo Fallero

Zu den überdimensionalen *Fallas*-Skulpturen gehören auch die sogenannten *ninots,* Figuren und Karikaturen, welche die *Fallas*-Monumente bevölkern und ergänzen. Zigtausende solcher Pappmaschee-Figuren erleiden in der Nacht des 19. März den Feuertod. Eigentlich alle, außer einer, die dank einer Volksabstimmung begnadigt wird und ins **Museo Fallero** 1 kommt. Hier ist über die Jahrzehnte eine originelle Sammlung solcher *ninots* entstanden.

Seidenstoffe, nicht nur für Trachten

Dass in Valencia die Seidenweberei und die Stickerei schon im Mittelalter eine bedeutende Rolle spielten, beweist die Säulenhalle in der **Lonja de la Seda,** der historischen Seidenbörse. Entsprechend reich verziert und wertvoll sind die Stoffe der valencianischen Trachtenröcke, weshalb die *falleras* sich während des Volksfests so oft wie möglich in diesen Gewändern zeigen. Und da man sich ja vorbereiten muss, immer wieder gern ein neues Trachtenstück ausführt, haben die Läden, welche die notwendigen Stoffe verkaufen, das ganze Jahr geöffnet. Allen, die eine Vorliebe für schöne Textilien haben,

Ü
ÜBRIGENS

Wollten Sie es immer schon mal krachen lassen? Dann sind Sie in Valencia richtig. Denn dass die Valencianos Schießpulver im Blut haben, wird einem klar, wenn man sieht, wie schon die Dreikäsehochs ihre **Knallfrösche** zu Boden werfen, ganz zur Freude auch der Eltern. Also, befreien Sie auch das Kind in Ihnen und kaufen sich ein paar richtig laute Petarden!

Stolz und in Seide gehüllt – so zeigen sich Valencias Mädchen und Frauen anlässlich des Frühlingsfestes.

empfehle ich, sich in einen solchen Laden, etwa **Aguas de Marzo** 1 oder **Tejidos Dalila** 2, hineinzuwagen und sich ein paar der bunten Stoffe zeigen zu lassen. Mit schon ein oder zwei Metern eines solchen valencianischen Tuches lassen sich tolle Kleidungsstücke schneidern und wunderbare Accessoires fertigen.

INFOS/ÖFFNUNGSZEITEN

www.fallasfromvalencia.com/de: Die *fallas* sind das ganze Jahr über online. Auf dieser deutschsprachigen Website mit Infos rund um das Fest läuft bereits der Countdown für die *fallas* im kommenden März.

Museo Fallero 1: Pl. Monteolivete 4, T 963 52 54 78, Mo–Sa 10–19, So/Fei 10–14 Uhr, 2 €, So Eintritt frei

Aguas de Marzo 1: ► E 5, C. Cirilo Amorós 13, http://aguasdemarzo.com, Busstopp Ruzafa-Ciril Mo–Sa 10–14, 17–20 Uhr

Tejidos Dalila 2: ► 2, D 4, C. les Garrigues 8, www.tejidosdalila.es, Bus 7 Barón der Cárcer-Garrigues, 7, 27, 28, 81 Garrigues-Escoland, Mo–Sa 10–14, 17–20.30 Uhr

KULINARISCHES FÜR ZWISCHENDRIN

Wie die *Fallas* gehört die *horchata,* die erfrischende Erdmandelmilch, zu Valencia. Man bekommt sie an Marktständen, u. a. auf der Plaza del Ayuntamiento.

PYRO-SHOPPING

Den meisten Valencianos reicht es nicht, nur während des Frühlingsfests ihre Böller zu zünden. So gehört zu jedem Fest ein Feuerwerk, keine Hochzeit ohne eine *traca,* die 10 m lange Zündschnur, an der ein Kracher nach dem anderen angebracht ist. Wer also selbst den kleinen Feuerteufel in sich spürt, der sollte **Petardos Valencia** 3 (► 2, E 5, C. Pelayo 3, neben der Estación del Norte, www.petardosvalencia.com, Metro 3, 5, 9 Xàtiva, Mo–Sa 10–14, 17–20 Uhr) besuchen.

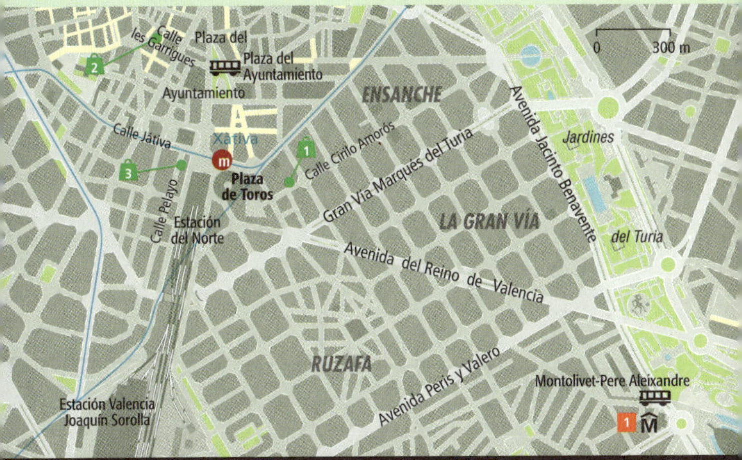

Cityplan: H 7 | **Bus** 15, 20, 25, 95 Montolivet-Pere Aleixandre (für Museum), **Metro** 3, 5, 9 Xàtiva, **Busstopp** Plaza del Ayuntamiento (für Läden)

13

Valencias Lebensader – **Jardines del Turia**

Was den valencianischen Stadtgärten an sattem Grün fehlt – schließlich sind Regen und Wasser knapp – macht das quirlige Leben in ihnen wieder wett. Bestes Beispiel hierfür ist der mehrere Kilometer lange Turia-Flusspark.

Hier können Valencianos und Besucher Atem holen – oder außer Atem geraten. Der Flusspark ist die grüne Lunge der Stadt.

Die Römer gründeten Valencia an einer Windung des Turia-Flusses und lange diente der Strom nicht nur als natürlicher Wassergraben zur Verteidigung der Stadt, sondern auch als ihre Lebensader. Heute kaum zu glauben, aber bis spät ins Mittelalter war der Turia für kleine Boote schiffbar. Doch das Wasser versiegte, je mehr die Stadt wuchs, sodass sich schließlich nur noch ein kleines Rinnsal durch das breite Flussbett schlängelte. Bis 1957, als heftige Gewitterregen im Hinterland den Bach zu einem reißenden Fluss anschwellen ließen, der halb Va-

lencia unter Wasser setzte. Nach dieser großen Flut wurde beschlossen, den Turia südlich um die Stadt herumzuführen. So wird, wer heute vom Flughafen nach Valencia hineinfährt, ein neues, großes Flussbett überqueren, das noch nie Wasser geführt hat. Was aber mit dem alten Turia-Bett machen, fragten sich die Stadtplaner in den 1970er-Jahren und dachten dabei an Paris und dessen Schnellstraßen entlang der Seine.

Grün statt Grau

Glücklicherweise wurden diese Pläne verworfen und in den 1980er-Jahren machte man sich daran, das alte Flussbett zu einem riesigen Park, den **Jardines del Turia** 1, umzugestalten. Dabei ging es nicht nur darum, Bäume zu pflanzen und Grünflächen anzulegen, vielmehr sollte der Bevölkerung eine abwechslungsreiche Parkanlage zugänglich gemacht werden. Auf der Strecke zwischen dem Cabecera-Park am westlichen Stadtrand und der Ciudad de las Artes y las Ciencias am östlichen Ende ist der Turia-Flusspark in verschiedene Abschnitte unterteilt, die sich in ihrer Nutzung oder durch ihre Pflanzenwelt voneinander unterscheiden.

Den Beginn der Parkanlage bilden der **Parque de Cabecera** sowie die angrenzenden Tiergehege des **Bioparc Valencia** 2. Der anschließende Abschnitt zwischen dem **Puente de Nou d'Octubre** und dem **Puente de Campanar** zeichnet sich durch hohen Baumbestand aus, der in den Sommermonaten für kühlen Schatten sorgen soll. An den Wochenenden ist er ein beliebter Picknicktreff der lateinamerikanischen Expats. Für Läufer ist der nächste Abschnitt gedacht, befindet sich hier doch ein **Leichtathletikstadion,** das vom Sportamt der Stadt verwaltet wird und allen offensteht, die hier trainieren wollen.

Im Herzen der Stadt

Von der Höhe des **Nuevo Centro,** eines Shoppingcenters, bzw. ab dem **Puente de las Glorias Valencianas** bis zum mächtigen Stadttor **Torres de Serranos** bietet der Turia-Flusspark eine Mischung aus schattigen Bäumen, Spazier- und Joggingwegen sowie mehreren Sportanlagen wie etwa einem Baseballfeld. Selbstverständlich kommen auch die Freizeitkicker der Stadt zu ihrem Recht. Vom Stadttor zieht sich der Stadtpark weiter bis

A
AB DIE POST!

Bajar al parque, runter in den Park gehen – das ist in Spanien ein Synonym für: Freunde treffen. In den Wohnbezirken Valencias gibt es viele Plätze mit Spielgeräten für die Kleinen und Sitzgelegenheiten für die Älteren. Besonders zwischen Schulschluss (ca. 17 Uhr) und Abendessen geht hier die Post ab: Kinder toben, Mütter plauschen, Senioren und Hundebesitzer diskutieren ziemlich sicher über Politik oder Fußball. Möchten Sie diese Stimmung mal genießen, so setzen Sie sich einfach an einem Spätnachmittag in das **Straßencafé** an der Plaza Beato Gálvez (🕮 D 6) und beobachten das Treiben. Im Stadtzentrum bieten sich die Parks **La Glorieta** 3 (Eltern mit Kindern) und **El Parterre** 4 (mit Reiterstatue von Jaime I und gewaltigem Ficusbaum) an.

Cityplan: Karte 1 | **Metro** 1, 2 Túria, 3, 5, 7, 9 Nou d'Octubre, Alameda, **Bus** 95 Pío Baroja-P. Capçalera, 5, 28, 95 T. d. Serrans-Cte. de Trénor, 1 Albareda-Pal. de la Música

INFOS/ÖFFNUNGSZEITEN

Jardines del Turia 1: immer offen (nach Einbruch der Dunkelheit ist ein Spaziergang hier jedoch nicht zu empfehlen), Eintritt frei.
Bioparc Valencia 2: www.bioparcvalencia.es, tgl. 10–18, je nach Saison variierende Schließungszeiten 19/20/21 Uhr, letzter Einlass 1 Std. vor Schließung, 23,80 €, 4–12 Jahre 18 €
Plaza Beato Gálvez: 🕮 D 6, Metro 1, 2 Plaça Espanya
Jardines de La Glorieta 3: zwischen C. del General Palanca, C. del General Tovar, C. del Palacio de Justicia und Pl. de la Porta de la Mar, Bus Palau de Justícia-Glorieta, frei zugänglich
El Parterre 4: Pl. Alfonso el Magnánimo, Bus wie La Glorieta, frei zugänglich
Jardines del Real y Viveros 5: Busstopp General Elío-Vivers, April–Okt. tgl. 7.30–21.30, Nov.–März 7.30–20.30 Uhr, Eintritt frei

KULINARISCHES FÜR ZWISCHENDRIN

Dass es sich die Valencianos, wie anderweitig im Buch schon erwähnt, inmitten des rauschenden Verkehrs gemütlich machen können, beweist ein ganz besonderes Straßencafé gleich zu Beginn des Paseo de la Alameda: der von weitem sichtbare, rote **Kiosko La Pergola** ❶ (Hausnr. 1, T 963 34 27 50, Mo–Sa 7–17 Uhr).
Etwas ruhiger und gleichzeitig gediegener sind die weiteren Lokale entlang dieses Grünstreifens, wie etwa das **Llebeig Café** ❷ (Paseo de la Alameda 6, T 963 60 78 60, www.llebeigcafe.com, tgl. 12–1 Uhr).
Nicht nur Bier, sondern auch Gourmetspeisen bekommen Sie bei **Alameda Beers** ❸ (Paseo de la Alameda 15, T 601 29 71 50, www.alamedabeers.com, Mo–Fr 8–1.30, Sa/So 11–1.30 Uhr, Mittagsmenü 12 €, freundlicher Service).

zum **Puente del Real,** wobei sich gerade dieser Teil für einen gemütlichen Spaziergang eignet. Besonders einladend ist auch der Bereich vor dem **Palau de la Música** mit seinem großen Wasserbecken und den dazugehörenden Wasserspielen. Hier findet jeweils im August auch das Open-Air-Kino statt, organisiert vom Valencianischen Filminstitut.

Hier geht was ab

Der Abschnitt entlang des **Paseo de la Alameda,** also zwischen dem **Puente de la Exposición** und dem **Puente de las Flores,** bietet diverse Freiflächen, die im Jahresverlauf für unterschiedlichste Zwecke genutzt werden: Im Dezember baut hier der Weihnachtszirkus seine Zelte auf, im März werden die nächtlichen *Fallas*-Feuerwerke gezündet und im Juli findet anlässlich der Feria de Julio eine Kirmes statt. Doch auch in der Zwischenzeit wird es in diesem Teil des Parks nicht langweilig. So finden hier etwa die Gran Feria Andaluza, eine andalusische Fiesta, oder die galicische Gourmetwoche statt. Kurzum: Lassen Sie sich überraschen von dem, was hier gerade los ist, und gesellen Sie sich einfach dazu.

Am südöstlichen Ende des Turia-Parks liegt die **Ciudad de las Artes y las Ciencias** (► S. 70), die Stadt der Künste und der Wissenschaften, deren gesamte Anlage im ehemaligen Flussbett aus dem Boden gestampft wurde.

UM DIE ECKE

Der wohl bekannteste Park Valencias heißt offiziell **Jardines del Real y Viveros** 5, wird jedoch kurz und knapp **Viveros** genannt. Seinen Ursprung hat dieser Stadtpark in einer Gartenanlage, die der Maurenkönig Abd Al-Aziz im 11. Jh. vor den Toren der Stadt anlegen ließ. Beliebt ist die Anlage wegen ihrer Vielfältigkeit: Die einen freuen sich an den Bäumen und dem Schatten, den diese spenden, die anderen an den Skulpturen, die über die Anlage verteilt sind. Kinder haben Spaß am Verkehrsgarten oder an den Enten im kleinen Weiher gleich neben dem **Museo de Bellas Artes de Valencia Pío V.** Und Durstige können im **Biergarten** neben dem kleinen Naturwissenschaftlichen Museum, dem **Museo de Ciencias Naturales,** etwas trinken

Ü
ÜBRIGENS

Spanier stecken alles zwischen zwei Scheiben Baguette: *jamón, tortilla, calamares.* Den *bocadillo,* also die iberische Version des Sandwichs oder belegten Brötchens, kann man sich in jedem Café und in jeder Bar einpacken lassen. Gut zu wissen für den Fall, dass Sie spontan Lust auf ein kleines Picknick haben.

Blüte eines Florett-seidenbaums im Viveros

Ü
ÜBRIGENS

Es überrascht immer wieder, wie Sprache Mentalität widerspiegelt. Der Begriff *vivero* basiert auf dem Wort *vivir* – leben. Die deutsche Übersetzung von *vivero* hingegen lautet Baumschule, was weniger mit Leben zu tun hat als mit Zucht und Ordnung.

14

Die Stadt in der Stadt – **Ciudad de las Artes y las Ciencias**

Gefallen Ihnen spannende architektonische Perspektiven oder hätten Sie gerne Einblick in die Unterwasserwelt der Weltmeere? Dann sollten Sie die Stadt der Künste und der Wissenschaften besuchen. Die von Stararchitekt Santiago Calatrava entworfene Stadt in der Stadt ist zum neuen Wahrzeichen Valencias geworden.

In den 1990er-Jahren wollte Valencia aus dem Schatten der beiden Metropolen Madrid und Barcelona treten. Stadt- und Regionalregierung entschieden sich daher gemeinsam für ein Großprojekt, das Valencia ein modernes und internationales Profil geben und Touristen anlocken sollte. So entstand in mehreren Bauphasen

Heimspiel für Fotografen: Calatravas CAC eröffnet immer wieder neue Perspektiven.

am südöstlichen Ende des Turia-Flussparks die Ciudad de las Artes y las Ciencias, kurz CAC genannt. 1998 wurde das erste von insgesamt sieben Bauwerken eingeweiht, 2009 das letzte. Heute erstreckt sich die Stadt der Künste und der Wissenschaften über eine Gesamtfläche von rund 50 Fußballfeldern und zieht jedes Jahr Zehntausende Besucher aus dem In- und Ausland an.

Calatravas Spielwiese

Der in Zürich lebende Stararchitekt Santiago Calatrava gehört zu den ganz Großen respektive Bekannten seiner Zunft, seine Bauten finden sich rund um den Globus, von Zürich bis Buenos Aires, von Malmö bis New York. Was viele jedoch nicht wissen ist, dass Santiago Calatrava aus Valencia stammt: Er ist hier nicht nur geboren und aufgewachsen, sondern hier hat er auch sein Architekturstudium absolviert. Es lag für die damalige Regierung daher auf der Hand, den heimischen Stararchitekten mit diesem Großprojekt zu beauftragen und sie griff für die Umsetzung tief in die Staatskasse. Entstanden ist eine einmalige Werkschau, die Calatravas Architekturstil mit den fast organischen Formen dokumentiert. So erinnert etwa der lang gezogene Museumsbau Príncipe Felipe irgendwie an das Skelett eines Urtiers. Die verwendete *trencadís*-Technik ist dabei eine Hommage Calatravas an die traditionelle Architektur seiner Heimatstadt: Das für Valencia typische Keramikscherben-Mosaik lässt die Fassaden der Gebäude und die weiten Wasserbecken in der mediterranen Sonne geradezu leuchten.

Architektur-Spaziergang

Für Architektur-Fans empfehle ich einen Spaziergang, der beim zweifelsohne eindrucksvollsten Bauwerk des Komplexes beginnt. Das riesige Opernhaus, das den Namen der Mutter des aktuellen Königs trägt, erinnert auf gewisse Weise an ein Schiff, an eine Arche Noah der Musik. Der **Palau de les Arts Reina Sofía** 1 schwimmt sozusagen in den Wasserbecken am Fuß des Baus, während auf den Außenterrassen Palmen wachsen. Nachts, wenn die Scheinwerfer das alles überspannende, 70 m hohe Dachelement von unten her beleuchten, scheint das Opernhaus sogar abheben zu können. Im Innern

F
FILM AB!

Sind Sie SciFi- oder George-Clooney-Fan im Besonderen oder Filmfan im Allgemeinen? Dann gibt es einen Grund mehr, die CAC zu besuchen, zieht sie doch immer wieder Filmteams aus der ganzen Welt an. Die Calatrava-Architektur gibt einfach eine ideale Szenerie ab. Neben etlichen Werbespots wurden hier auch Szenen für Spielfilme, etwa für Disneys »Tomorrowland« mit Hollywood-Star Clooney gedreht.

Palau de les Arts Reina Sofía

beherbergt der Palau de les Arts, wie er kurz genannt wird, vier Bühnen mit insgesamt 3600 Zuschauerplätzen.

Ein ganz anderes Spektakel wird im nächsten Gebäude, dem ebenfalls von Wasser umgebenen **Hemisfèric** 2 geboten. Hier ist das IMAX-Kino von Valencia untergebracht, kein Wunder also, dass besonders nachts dieser halbrunde Bau mit seiner Kugel in der Mitte an ein riesiges Auge erinnert.

INFOS/ÖFFNUNGSZEITEN

www.cac.es: Auf der Website der CAC finden sich Infos zu allen Bauten. Unter »Tarifas« finden Sie auch die Preise für unterschiedliche **Kombitickets.**
Palau de les Arts Reina Sofía 1: www.lesarts.com, tgl. Führungen zu diverse Zeiten, 10,60 €. Reservierung online oder T 672 06 25 23.
Hemisfèric 2: tgl. 10–19 Uhr, 8,80 €, aktuelles Kinoprogramm unter www.cac.es/hemisferic
Museo de las Ciencias Príncipe Felipe 3: 2.1.–30.6., 14.9–30.12., tgl. 10–19, 1.7.–13.9. tgl. 10–21 Uhr, 8 €
L'Umbracle: Av. del Saler 5, rund um die Uhr geöffnet, spezielle Öffnungszeiten am Eingang beachten, da Schließungen aufgrund von Veranstaltungen möglich sind!
Oceanográfico 7: 2.1.–14.6., 13.9–30.12., So–Fr 10–18, Sa 10–20, 15.6.–16.7., 1.9.–12.9. tgl. 10–20, 17.7.–31.8. tgl. 10–24 Uhr, 29,70 €

KULINARISCHES FÜR ZWISCHENDRIN

Im Hemisfèric gibt es ebenso wie im Museo de las Ciencias eine Cafeteria, im Museum darüber hinaus eine Trattoria. Auch liegen die Einkaufszentren *(centro comercial)* **El Saler** 1 (Autopista del Saler 16, www.elsaler.com, Mo–Sa 10–22, So 11–21, Restaurants tgl. 10–24 Uhr) und **Aqua** 2 (C. Menorca 19, http://aqua-multiespacio.com, Läden wie El Saler, Restaurants Mo–Do, So 10–1.30, Fr/Sa 10–4 Uhr) in der Nähe. In beiden finden Sie neben Läden oder Kinos eine Vielzahl an Restaurants und Cafés.

Cityplan: J/K 7/8 | **Bus** 13, 15, 25, 95 Professor Lopez Piñero-Institut Obrer Espanyol

Mit einer Ausstellungsfläche von etwas über 26 000 m² birgt der lang gezogene **Museo de las Ciencias Príncipe Felipe** 3 ein Wissenschaftsmuseum, das sich an neugierige und wissenshungrige Kinder wendet. Ganz nach dem Motto »Es ist verboten, nicht anzufassen, nicht zu fühlen, nicht zu denken« werden Themenbereiche wie Physik oder Chemie nicht nur informativ, sondern auch spielerisch aufgearbeitet.

Über dem Parkhaus der CAC bilden 55 Stahlbögen **L'Umbracle** 4, eine weitläufige, schattige Galerie bzw. Parkanlage. Sollten Sie also eine Pause einlegen oder ein Picknick einplanen wollen, so wäre dies der genau richtige Ort dafür.

Farbiger Schlusspunkt dieser Calatrava-Bauten-Sammlung bildet die ganz in blau gehaltene **Ágora** 5, eine Mehrzweckhalle, deren gläserner Dachfirst sich nach Belieben öffnen und schließen lässt. Das griechische Wort *agora* bezeichnete im alten Hellas einen öffentlichen Platz, der dem Volk als Versammlungsstätte diente.

Einen weniger historisch-symbolischen Namen hingegen hat die **Brücke** 6, die genau vor der Ágora über das ehemalige Flussbett führt – jedenfalls im Volksmund. Aufgrund des gebogenen Brückenpfeilers, der 125 m in die Höhe ragt, wird dieses Bauwerk *jamonero* genannt, denn es erinnert die Spanier an jene geschwungene Halterung, in die man den getrockneten Beinschinken spannt, um die feinen Jamón-Serrano-Scheiben zu schneiden.

Begehbare Unterwasserwelt

Die sicherlich beliebteste Attraktion auf dem Gelände der Stadt der Künste und der Wissenschaften ist das größte Aquarium Europas, der **Oceanográfico** 7. In der weitläufigen Anlage sind verschiedene Lebensräume nachgebaut – Rotes Meer, Arktis, Mittelmeer und tropische Gewässer –, in denen rund 45 000 Meerestiere zu Hause sind. Die Besucher können an einem Tag diese Weltmeere nicht nur besuchen, sondern sozusagen in sie eintauchen. Dank des gläsernen Tunnels erhält man ganz besondere Perspektiven: Während man, gefühlt, auf dem Meeresboden wandelt, schwimmen die Haie über einen hinweg. Ein **Delfinarium** ergänzt das Angebot des Aquariums.

T
TEUER

Spricht man mit den Valencianos über die CAC, so sind die Meinungen – sagen wir – nuanciert. Sehr viel Geld wurde bei diesem Großprojekt in den Sand gesetzt, nicht selten hat man das Gefühl, es gelte mehr der Schein als das Sein. Das **Opernhaus** etwa wird nur an rund 80 Tagen im Jahr bespielt, 2014 bröckelte zudem die *trencadis*-Verkleidung von der Fassade ab und musste für über 1 Mio. € geflickt werden.
Seit seiner Fertigstellung wurde das 55 Mio. € teure **Ágora-Gebäude** vielleicht zwei oder drei Wochen im Jahr für Veranstaltungen genutzt, ansonsten stand es leer. Zu Hilfe gekommen ist die Caixa-Sparkasse, die ab 2020 dort ein Kunst- und Kulturzentrum einrichten wird, das Caixa-Forum. Dieses gehört bereits in Madrid und Barcelona zu den renommierten Kulturinstitutionen.

15

Das ganze Jahr Strandfeeling – **Playa de la Malvarrosa**

Der Stadtstrand von Valencia braucht keinen Vergleich zu scheuen: feinster Sand, eine mit Palmen gesäumte Promenade und zahlreiche Restaurants mit Meerblick sorgen für Urlaubsstimmung – bei Valencianos und Touristen, im Sommer wie im Winter.

Und stellen Sie sich vor, zu Hause regnet es … Sommerferien-Feeling das ganze Jahr!

Genau genommen liegt Valencia gar nicht am Meer, liegt doch das Stadtzentrum rund 6 km im Landesinnern. Der Hafen befand sich einst außerhalb der Stadt und die Fischer wohnten in einem eigenen Dorf an der Küste. Doch in den vergangenen 100 Jahren hat sich die Metropole stark ausgebreitet und reicht heute bis zu den Gestaden des Mittelmeeres. Also liegt Valencia doch am Meer!

El Cabañal – immer noch ein Dorf

Die einstige Heimat der Fischer ist längst ein Stadtbezirk Valencias, doch das Viertel El Cabañal, zu dem auch die Playa de las Arenas und die Playa de la Malvarrosa gehören, hat seinen eigenen Charakter bewahren können. Vom Selbstbewusstsein der Menschen dieses Bezirks zeugt etwa die **Semana Santa Marinera,** die in der Stadt nur in El Cabañal mit großen Prozessionen begangen wird. Längst kommen auch die Nachbarn aus den anderen Teilen Valencias hierher ans Meer, um das Ereignis mitzuerleben.

Im alltägliche Leben bildet der **Mercado del Cabañal** 1, die wohl quirligste Markthalle der Stadt, den Treffpunkt der Bewohner dieses Viertels. Rund 150 Händler bieten an ihren Ständen frischeste Waren an und unter den Käufern finden sich nur selten Touristen.

Vom Niemandsland zum Superstrand

Noch Mitte der 1980er-Jahre waren die Strände irgendwie Niemandsland. Wer zum Baden kommen wollte, brauchte ein Auto, und das parkte man einfach zwischen den Dünen. Doch dann machten sich die Stadtplaner daran, Valencia zum Meer hin zu öffnen: Entlang der Küste wurden großzügige Promenaden angelegt, die Strandabschnitte mit Duschen, Toiletten und Rampen ausgerüstet. Verschiedene Bus- und Metrolinien wurden bis zu den Stränden geführt, wobei gerade während der Sommermonate spezielle Buslinien zur Verstärkung hinzukommen.

Der Badestrand von einst

Die Valencianos nennen ihren Strand kurz **Malva** und übergehen dabei wissentlich, dass der erste Teilbereich eigentlich **Playa de las Arenas** heißt. Bereits um 1900 befand sich an diesem Strandabschnitt das Seebad von Valencia, in dem sich die Bourgeoisie zum Badespaß einfand – die Damen in knielangen Badekleidern, die Herren mit den typischen Ganzkörper-Badehosen. Der Bau des 5-Sterne-Hotels **Balneario las Arenas** 2 erweckte die Ruinen der einstigen Badehallen zu neuem Leben, war doch die Baubewilligung an die Bedingung geknüpft, die beiden 100 Jahre alten Badehallen ins Projekt zu integrieren.

F
FORMEL 1

Sie sind Formel-1-Fan oder stehen dem Rennspektakel kritisch gegenüber? Wie auch immer: Rund um den Hafen führte die als **Valencia Street Circuit** bekannte Formel-1-Rennstrecke, bis das ganze Projekt Pleite ging. An bestimmten Stellen erkennen Sie noch heute die Streckenmarkierungen der Piste, auf welcher Vettel, Hamilton und Co. ihre Runden gedreht haben.

¡Vamos a la playa! – Strandurlaub in der Stadt

Hinter dem Las-Arenas-Hotel wird der Strand dann zur **Playa de la Malvarrosa.** Eine breite Promenade mit Parkplätzen und Restaurants, Fahrradweg und Fitnessgeräten säumt hier den Strand und macht ihn für Valencianos ebenso wie für Touristen interessant. Die einen treiben Sport, die anderen schlendern im Schatten der Palmen auf und ab und manche stöbern an den Ständen des kleinen Hippie-Markts. Doch von April bis Oktober bietet die Playa de la Malvarrosa vor allem eins: Badespaß und Strandvergnügen pur.

Und tatsächlich muss der Stadtstrand von Valencia den Vergleich mit ähnlichen Küsten-

INFOS/ÖFFNUNGSZEITEN

Mercado Cabañal 1: Calle d'Ernest Anastasio, www.mercadocabanyal.es, Mo–Do, Sa 7–14.30, Fr 7–20.30 Uhr
Ausflugsboote: Am Fuß des Veles-e-Vents-Gebäudes und bei der *tinglados*-Halle nahe der Hafenmeisterei mit dem Uhrturm befinden sich die Anlegestellen der Ausflugsboote, mit denen Sie eine Rundfahrt auf dem Mittelmeer unternehmen können.

KULINARISCHES FÜR ZWISCHENDRIN

Am Strand gibt es zahlreiche Restaurants. Berühmtestes Paella-Lokal ist **La Pepica** 1 (Paseo Neptuno 6, T 963 71 03 66, www.lapepica.com, Mo–Sa 13–16, 20.30–23, So 13–16 Uhr, Degustationsmenü ab 35 €), in dem schon Ernest Hemingway oder Bono von U2 zu Gast waren und wo die Kellner ihre Jacketts auch im Sommer nur selten ausziehen. Wer in weniger hektischer Umgebung und mit besserer Sicht aufs Meer speisen möchte, spaziert etwas die Strandpromenade hinauf, wo das **Luz de Luna** 2 (Paseo Marítimo Módulo 5, T 963 55 00 53, http://restauranteluzdeluna.com, tgl. 10–23 Uhr, Menü ab 14 €) mit besonders freundlichen, zuvorkommenden Kellnern überzeugt.

Cityplan: Karte 4, B/C 3–5 | **Tram** 8 Marina Reial Joan Carles abschnitten in bekannten Urlaubsorten nicht scheuen. Feinster, heller Sand auf einer Breite von bis zu 60 m und eine bestens ausgebaute Infrastruktur haben die Malvarrosa zu einem beliebten Badestrand werden lassen. Die weiten Sandflächen bieten auch genügend Platz für Beachvolleyball-Felder und Klettergeräte, ohne dass die Sonnenanbeter sich durch diese gestört fühlen könnten.

Aber auch während der kühleren Monate ist die Malva gut für Urlaubsgefühle. Dank des mediterranen Klimas kann man sogar im November oder Februar mit nackten Füßen durch den Sand spazieren und ein Sonnenbad genießen. Oder man macht es wie die Valencianos und schlendert, mit einem leichten Pullover über den Schultern, den Paseo Marítimo entlang.

Hafen in neuem Gewand

Im Süden grenzen der Stadtstrand und der El-Cabañal-Bezirk an den Hafen von Valencia. Das alte Hafenbecken mit seinen Umschlagshallen, den *tinglados*, wurde irgendwann zu klein für die riesigen Fracht- und Containerschiffe von heute. Da Valencia zum Austragungsort der 32. Ausgabe des America's Cup (2007) gewählt worden war, entstanden rund um das alte Hafenbecken die Werften der verschiedenen Teams, die an dieser Segelregatta teilnahmen. Heute stehen die meisten der Gebäude leer, als Zeugen besserer Tage. Dominiert wird der frühere Port America's Cup, die heutige **Marina Real Juan Carlos I** vom modernen, weißen **Veles-e-Vents-Gebäude** 3. Von der breiten Terrasse am Fuß des Baus hat man einen tollen Rundumblick über die Hafenanlage.

UM DIE ECKE

Für den Cabañal-Stadtbezirk charakteristisch sind die bescheidenen zweistöckigen Wohnhäuser, an deren Fassaden die vergangenen Jahrzehnte nicht spurlos vorbeigezogen sind. Hübsch renoviert ist die **Casa de la Reina** 4 an der Calle de la Reina 85, in der eine Gemeindebibliothek untergebracht ist. Ein Blick in den Innenhof mit dem kleinen Springbrunnen lohnt sich. Und mit ein wenig Glück findet im Kulturraum gerade eine Kunstausstellung statt.

Bloß nicht einfach in Badehose oder Bikini eines der Lokale am Malvarrosa-Strand ansteuern. Kommen Sie überhaupt rein, werden Sie sich ruckzuck fehl am Platz fühlen. Die Valencianos legen großen Wert auf angemessene Kleidung, Ballermann-Stimmung ist schließlich in Valencia nicht erwünscht. Also: Hemd oder Bluse, Hose oder Rock überziehen, Sand von den Badeschlappen schütteln – und dann genießen.

EINTRITTSKARTEN *in eine andere Welt ...*

Neben den an anderer Stelle im Buch vorgestellten Museen Valencias hier einige weitere meiner Favoriten.

UND JETZT ENTSCHEIDEN SIE!

Casa-Museo Blasco Ibañez
Di–Sa 0.30–14, 15–19, So/Fei 9.30–15 Uhr
2 €

JA NEIN

Das Wohnhaus des renommierten valencianischen Schriftstellers Vicente Blasco Ibañez (1867–1928) birgt heute ein Museum, das dessen Leben und Werk gewidmet ist.

Karte 4, B 1, www.casamuseoblascoibanez.com

Colegio del Arte Mayor de la Seda
Di–Sa 10–19, So/Mo 10–15 Uhr
6 €

JA NEIN

Nicht nur Stoffe sind die Attraktion des Seidenmuseums von Valencia, sondern auch das Zunfthaus aus dem Jahre 1494 selbst befindet sich in bemerkenswerter Form.

Karte 2, D 4, www.museodelasedavalencia.com

Centro Cultural Bancaja
Di–Sa 10–14, 17–21, So 10–14 Uhr
2 €, So/Fei Eintritt frei

JA NEIN

Das von einer Bank unterhaltene Kulturzentrum bietet wechselnde (Kunst-)Ausstellungen, mal klassisch, mal modern, mal steht Joaquín Sorolla, mal die valencianische Jazzmusik im Mittelpunkt.

Karte 2, F 4, www.fundacionbancaja.es

Fundación Chirivella Soriano
Di–Sa 10–14, 17–20, So 10–14 Uhr
4 €

JA NEIN

In einem alten Patrizierhaus widmet sich die Stiftung der modernen Kunst, allen voran der spanischen Malerei. Der Kontrast zwischen gotischer Architektur und moderner Kunst erhöht den Reiz der Ausstellung.

Karte 2, D 3, www.chirivellasoriano.org

Museo de Bellas Artes de Valencia Pío V
Di–So 10–20 Uhr
Eintritt frei

JA NEIN

Das Museum der Schönen Künste im ehemaligen Priesterseminar Pío V am Turiapark zeigt u. a. Werke von Pinazo, Sorolla, Velázquez, El Greco, Goya und Benlliure.

Karte 2, F 2, http://museobellasartes valencia.gva.es

Bombas Gens – Centre d'Art
Do–Sa 11–14, 16–20, So/Fei 11–15 Uhr
Eintritt frei

JA NEIN

Einst eine Maschinenfabrik, beherbergt dieser geschichtsträchtige Ort heute ein außergewöhnliches, privat finanziertes Zentrum für zeitgenössisches Kunstschaffen mit laufend wechselnden Ausstellungen.

C 1, www.bombasgens.com

Museo de la Ciudad
Di–Sa 9.30–19, So/Fei 9.30–15 Uhr
2 €, So/Fei Eintritt frei

JA NEIN

Was sich im Lauf der Jahrhunderte so alles in einem Rathaus ansammelt – hier lässt es sich bestaunen: von Kunstwerken bis zu Kuriositäten, etwa eine Sammlung von gusseisernen Schlüsseln der historischen Stadttore Valencias.

Karte 2, E 3, www.valencia.es

Museo del Arroz
Di–Sa 9.30–14, 15–19, So/Fei 9.30–15 Uhr
2 €, So/Fei Eintritt frei

JA NEIN

Wer wissen will, wie der Reis in die Paella kommt, der sollte die historische Reismühle besuchen. Interessantes und Kurioses rund um das für Valencia so bedeutende Lebensmittel.

Karte 4, A 5, www.museoarrozvalencia.com

Museo Valenciano de la Ilustración y la Modernidad
Di–Sa 10–14, 16–20, So/Fei 10–20 Uhr
2 €, So/Fei Eintritt frei

JA NEIN

Der MUVIM ist weit mehr als ein moderner Museumsbau, er ist Ort der Begegnung mit zeitgenössischer Kunst und Kultur. Ausstellungen, Performances, Konferenzen. Immer wieder Thema: Grafik.

Karte 2, D 5, www.muvim.es

Valencias Museumslandschaft

In Valencia gibt es sowohl Museen in öffentlicher Hand als auch privat bzw. von Stiftungen getragene Museen. Während die Zugangsbedingungen für die öffentlichen Häuser, und damit für den Großteil der Museen, relativ einheitlich sind, können sie bei den Privatmuseen stärker variieren. Die regionale Landesregierung steht hinter den beiden führenden Kunstmuseen Valencias, dem IVAM sowie dem Museo de Bellas Artes Pío V. Die Stadt hingegen setzt auf kleine Museen, die vor allem einen direkten Bezug zur Geschichte Valencias haben.

INFORMATIONEN

Im Internet
www.museosymonumentosvalencia.com: Infos zu den Museen in öffentlicher Hand (Span., Valenc., Engl.), www.visitvalencia.com (auch auf Dtsch., auch Infos zu den Privatmuseen)

Öffnungszeiten/Eintrittspreise
Die öffentlich getragenen Museen sind in der Regel Mo geschlossen, Erwachsene zahlen 2 €, Kinder 1 € Eintritt, sonntags ist der Eintritt frei. Die Privat-/Stiftungsmuseen handhaben Zeiten und Eintrittspreise unterschiedlich.

VLC Tourist Card und Besucherpass
Unabhängig von der **VLC Tourist Card** (► S. 111), die den kostenlosen Eintritt in die städtischen Museen beinhaltet, gibt es einen eigenen **Besucherpass** für die städtischen Ausstellungsräume: Er kostet 6 € und berechtigt dazu, an drei aufeinanderfolgenden Tagen die Museen so oft zu besuchen, wie man möchte. Erhältlich ist er an den Eingängen/Ticketschaltern der Museen.

Man spricht nicht Deutsch
Valencia wird nicht von Touristen überschwemmt. Das heißt aber auch, dass die Informationen zu Ausstellungen und die Führungen auf Spanisch sind, allenfalls auch auf Englisch.

Selbstporträt Diego Velázquez' im Museo de Bellas Artes Pío V

Feiertage – gelebte Tradition

Auch im einst tief katholischen Spanien hat die Religion an Bedeutung verloren, ist der Staat doch von der Verfassung her laizistisch. Doch die Valencianos lieben die Geschichte ihrer Stadt und ihre Traditionen und viele leben sie mit Leidenschaft gerade an den Feiertagen aus.

Vinzenz ist überall

Cripta Arqueológica de la Cárcel de San Vicente Mártir 🕮 E 3

Die längste Straße Valencias beginnt im Herzen der Stadt und führt mehrere Kilometer hinaus in die Peripherie – die Calle San Vicente Mártir. Und immer am 22. Januar ist in Valencia Feiertag, wird doch dann eben St. Vinzenz des Märtyrers gedacht, des Schutzpatrons der Stadt. Doch wer war dieser Vicente, nach dem so viele valencianische Männer benannt sind. Unweit der Kathedrale und der Plaza de la Almoina liegt ein unauffälliger Hauseingang mit ein paar Treppenstufen und einer Glastür. Dahinter bzw. darunter befindet sich ein archäologisches Juwel: eine kleine Krypta mit Bauelementen und Fundstücken aus verschiedenen Epochen der Römer, Westgoten, Mauren und Christen. Und genau hier soll San Vicente Mártir vor seinem Tod im Jahr 304 n. Chr. eingekerkert gewesen sein. In einer Mischung aus Lichtshow, Bildprojektionen und Audiokommentar wird die Geschichte der Ausgrabungsstätte und jene des Stadtheiligen spannend erzählt. Und wenn dies auch nur auf Spanisch geschieht, lohnt sich ein Besuch. Eigentlich sollte auch ein Informationsflyer in deutscher Sprache ausliegen.

Plaza del Arzobispo 3, Mo–Sa 10–14, 15–19, So/Fei 10–14, Audiovison (die den Besuch erst lohnend macht) allerdings nur Di–Sa 10, 11.30, 13, 18, 19, So 10.30, 11.30, 12.30, 13.30 Uhr, 2 €, So/Fei Eintritt frei

Und noch ein Vinzenz

Casa Natalicia de San Vicente Ferrer 🕮 Karte 2, F 4

Nicht nur in der Stadt, sondern in der ganzen Comunidad Valenciana ist der zweite Montag nach Ostern ebenfalls ein Feiertag, und dabei wird wieder eines Vinzenz' gedacht. Dabei handelt es sich um San Vicente Ferrer, am 23. Januar 1350 in Valencia geboren und heute Schutzpatron der Region Valencia. In seinem Geburtshaus gibt es neben einer Kapelle und einer kleinen Kirche einen Innenhof, der insbesondere wegen seiner kunstvollen Kachelmalereien einen Besuch wert ist.

C. Pouet de San Vicent 1, Mo–Sa 9–13.30, 16.30–20, So 9–13.30 Uhr, Eintritt frei

Karwochenprozession in Cabañal

Karwoche am Meer

Museo Semana Santa Marinera 🕮 Karte 4, A 5

Die Karwoche und Ostern spielen im katholisch geprägten Spanien eine bedeutende Rolle, gerade in Andalusien finden jede Nacht Prozessionen statt, in denen die Christus- und Marienstatuen durch die Straßen getragen werden. In

Glaube und Lebensfreude vereint – Fronleichnamsprozession in Valencias Altstadt.

Valencia konzentrieren sich diese Osterprozessionen auf den Cabañal-Bezirk, das einstige Fischerdorf vor den Toren der Stadt. 51 Wochen im Jahr stehen die Wagen und Uniformen, die Heiligenbilder und mannshohen Kreuze der Karfreitagsprozession der Fischer von Valencia in diesem kleinen Museum, wo man sich ein Bild von den Feierlichkeiten machen kann, auch wenn man nicht an Ostern zu Besuch ist.

C. Rosario 3, www.semanasantamarinera.org, Tram 6, 8 Francesc Cubells, Di–Sa 10–14, 16.30–20.30, So 10–15 Uhr, 2 €

Fronleichnam

Casa de las Rocas 🕮 Karte 2, E 2

Die Corpus-Christi-Feierlichkeiten in Valencia gehen auf das Jahr 1355 zurück, rund 100 Jahre später wurde der Grundstein für dieses Gebäude, die Casa de las Rocas, gelegt. *Rocas* bezeichnet die Karren und Wagen mit den reich verzierten Heiligenfiguren, die während der Fronleichnamsprozession durch die geschmückten Gassen der Altstadt gezogen werden. In diesem Museum sind nicht nur die *rocas* untergestellt, hier erfährt man auch mehr über diese Kirchenfeier.

C. Rocas 3, Di–Sa 10–14, 15–19, So/Fei 10–14 Uhr, 2 €

9. Oktober

Nationalfeiertag des Landes Valencia

Der wirkliche Nationalfeiertag des Landes Valencia ist jedoch der 9. Oktober. Denn an jenem Tag im Jahr 1238 soll König **Jaime I** (Jakob I.) von Aragón Valencia von den Mauren zurückerobert haben. Ihm ist die **Statue** in der Mitte des Stadtparks **El Parterre** (🕮 Karte 2, F 4, Pl. Alfonso el Magnánimo) gewidmet. Dort versammeln sich an jedem 9. Oktober Einwohner und Politiker, um Blumen niederzulegen. An diesem Tag wird auch die im Rathaus aufbewahrte historische Fahne Valencias ausgemottet und in einer feierlichen Prozession durch die Stadt getragen. Höhepunkt der Feierlichkeiten ist eine *mascletá* auf dem Rathausplatz, eines jener Feuerwerke, die sonst nur anlässlich des *Fallas*-Frühlingsfests gezündet werden.

Pl. Alfonso el Magnánimo, Pl. del Ayuntamiento

Das Erbe der Mauren

Al Andalus war der Name für den muslimisch beherrschten Teil der iberischen Halbinsel, der sich von der Südspitze bis hoch zu den Pyrenäen erstreckte. Die arabische Kultur hat auch in Balansiya, dem heutigen Valencia, eindrückliche Spuren hinterlassen.

Die Söhne von Ben

Benimaclet 🕮 H 1

Die rund 700 Jahre dauernde Präsenz der Mauren in der Region hat auch in der geografischen Namensgebung Spuren hinterlassen. Besonders fällt dies bei den Ortsbezeichnungen mit dem Wortelement *beni* auf, was so viel bedeutet wie Söhne. Benidorm an der Costa Blanca ist Ihnen sicherlich ein Begriff, aber auch um Valencia gab es einst zahlreiche Weiler, die heute Teil der Stadt sind, und das Wort Söhne in ihrem Namen tragen: Beniferri, Benicalap oder etwa Benimaclet. Sollten Sie einmal einen Eindruck davon gewinnen wollen, wie man in einem normalem Außenbezirk lebt, so wäre ein Besuch gerade von Benimaclet keine schlechte Idee. Rund um den kleinen, gleichnamigen Kirchplatz erstrecken sich zwei, drei Gassen, die ihren Dorfcharakter bewahrt haben.

Pl. de Benimaclet

Maurische Perle mitten in der Stadt

Baños del Almirante 🕮 Karte 2, E 3

Zu jeder halben und vollen Stunde öffnet sich die Holztür, die zu den arabischen Bädern aus dem Jahr 1313 führt, und dann werden maximal 15 Gäste für einen Rundgang eingelassen. Zur Einführung wird ein kleiner Videofilm gezeigt, der die Geschichte der Bäder dokumentiert. Die Baños del Almirante waren bis 1959 in Betrieb, zuletzt allerdings mit individuellen Badewannen. Der Hammam wurde mit viel Liebe vollständig renoviert und 2005 dem Publikum zugänglich gemacht. Diverse architektonische Elemente aus dem 14. Jh. sind heute in ihrer ursprünglichen Form wieder zu bewundern.

C. Almirante 3–5, Di–Fr 10–18, Sa/So 9–14 Uhr, 2 €

So lebte man damals

Museo de la Historia de Valencia

🕮 außerhalb A 5

Es kann kaum ein passenderes Gemäuer für das Museum der Valencianischen Stadtgeschichte geben als diesen historischen Wasserspeicher. Hatten doch die Mauren ihr Wissen und Können rund um die Wasserwirtschaft mit nach Valencia gebracht und so der Region zur Blüte verholfen. In einer Kombination aus Exponaten und Videoprojektionen wird im Museum die valencianische Vergangenheit in acht Epochen lebendig dargestellt – von den Römern über die Zeit der Mauren bis zu den ersten Schritten der Demokratie nach Francos Tod.

C. Valencia 42, Mislata (Stadtrand), http://mhv.valencia.es, Di–Sa 10–19, So/Fei 10–14 Uhr, Eintritt 2 €, So/Fei frei

Von China nach Valencia

Die Apfelsine

Was wäre Valencia ohne diese Zitrusfrucht, die aus China stammt und über die historische Seidenstraße nach Europa gelangt ist? Entlang der spanischen Mittelmeerküste waren es die Mauren, welche die Apfelsinen nicht nur in der Landwirtschaft verbreiteten, sondern diese gerne und oft als Zierpflanze verwendeten – wie etwa im kleinen Garten vor dem Palau de la Generalitat. Heute sind die Orangenbäume aus dem Stadtbild Valencias nicht mehr wegzudenken.

Pl. de la Virgen

Pause. Einfach mal abschalten

Gerade für mitteleuropäische Gemüter ist der Straßenverkehr in Valencia – wie wohl überall in den Mittelmeerländern – hektisch und laut. Und auch die Sommertemperaturen lassen Touristen vielleicht schneller ermüden als sonst. Aber auch in Valencia gibt es stille Ort und Ecken, bestens dafür geeignet, wieder etwas Ruhe zu finden.

Patio der Ruhe

Centro Cultural La Beneficiencia

Karte 2, D 2/3

Innenhöfe sind eigentlich eine Eigenheit andalusischer Häuser und Bauten. Doch auch in Valencia gibt es gelegentlich Patios, die – abgeschirmt von der Außenwelt – zum Verweilen einladen. Ein besonders angenehmer Innenhof, zu welchem Sie ohne Probleme Zutritt haben, befindet sich im Centro Cultural La Beneficiencia, in dem auch das Ethnologische Museum untergebracht ist. In nächster Nachbarschaft zum Kunstmuseum der Moderne (IVAM) finden Sie hier einen begrünten Patio vor, von dessen Existenz nur wenige Valencianos wissen. Der Innenhof der Beneficiencia mitten in der engen Altstadt Valencias ist wirklich eine Ausnahme. Die Keramikfliesen entlang den Wänden verleihen dem Ganzen einen Hauch von andalusischem Flair, während die hohen Platanen und Palmensträucher für angenehmen Schatten sorgen. Und den Kaffee oder das kühle Bier kann man sich in der kleinen Cafeteria bestellen.

C. de la Corona 36, www.labeneficencia.es

Romantischster Park der Stadt

Jardines de Monforte G 3

Springbrunnen und Teiche, überwucherte Lauben und Marmorstatuen machen die kleine Gartenanlage zum romantischsten Park der Stadt. Zwischen den Zypressen

Kunst, Kultur – und dann ein versteckter Patio. Der Innenhof von La Beneficiencia lädt zur Entspannung ein.

und Orangenbäumchen trifft man nur selten Besucher, oft ist der Park menschenleer. Den eigentlichen **Haupteingang** zu dem im 19. Jh. im klassischen Stil angelegten Garten bildet ein kleiner, hübscher Stadtpalast an der Calle de Artes Gráficas, der vom Standesamt der Stadt für Hochzeiten genutzt wird. Sollte dieser Zugang geschlossen sein, gibt es einen **zweiten Eingang:** Durch ein kleines Seitentor an der Plaza de la Legión Española gelangen Sie ganz unkompliziert in diese wunderschöne Oase der Ruhe.

21. März–20. Sept. 10.30–20, 21. Sept.–20. März: 10.30–18 Uhr, Eintritt frei

Oase der Ruhe
Jardín Botánico 🕮 C 3

Es gibt zwar verschiedene Parkanlagen in Valencia, allen voran die im alten Turia-Flussbett, die zum Verweilen einladen. Doch eine der schönsten – weil besonders grün und üppig – ist der Botanische Garten. Vielleicht liegt es daran, dass der Eingang etwas versteckt liegt oder dass man Eintrittsgeld bezahlen muss, was manchen Valencianos nicht gefällt: Hier kann man für sich alleine sein und die Natur genießen. Man sucht sich am besten irgendwo eine Bank, die einem gefällt, und lässt den Blick gen Himmel schweifen.

C. Quart 80, tgl. Nov.–Febr. 10–18, März, Okt. 10–19, April, Sept. 10–20, Mai–Aug. 10–21 Uhr, bei Regen geschl., 2,50 €, Kinder bis 7 Jahre Eintritt frei

Die Meeresbrise genießen
Marina Real Juan Carlos I

🕮 Karte 4, Ba–Da 4–6

Für mich gibt es nichts Entspannenderes, als dem Auf und Ab der Wellen zuzuschauen und die Seele beim Anblick des ewigblauen Mittelmeers baumeln zu lassen. Mit der Malvarrossa hat Valencia zwar einen großartigen Strand, an dem man baden und sich in der Sonne räkeln kann, wenn Ihnen aber die Ruhe abseits vom Getümmel lieber ist, dann empfehle ich Ihnen einen Spaziergang auf der Kaimauer, welche die Marina Real Juan Carlos I gegen Norden hin abschließt. Spaziert man hier entlang, so gewinnt man eine ganz andere Perspektive – vom Treiben am Strand und vom Erdendasein. Plötzlich ist man dem Meer ganz nah, erst recht, wenn man sich am Ende des Kais hinsetzt, um sich herum das Wasser, das man lediglich mit einem einsamen Fischer und ein paar Möwen teilen muss.

Dem Meer ganz nah – in der Marina Real Juan Carlos I

Muelle de Aduana s/n, Tram 8 Marina Reial Joan Carles I

Ü ÜBRIGENS

Die modernen Zeiten haben auch in Spanien längst Einzug gehalten, und trotzdem: Die **Siesta** ist weiterhin eine iberische Errungenschaft, die auf der ganzen Welt berühmt ist und oftmals kopiert wird. Powernapping lautet hierfür das neudeutsche Wort. Viele der kleineren Läden schließen von 14 bis 17 Uhr, und wer schon einmal während der Sommermonate Spanien besucht hat, weiß, warum man während der Hitzestunden am besten im Schatten bleibt. Oder im Hotelzimmer ein Mittagsschläfchen hält. Nach dem Mittagessen diese Mußezeit zu genießen, ist zweifelsohne Teil des mediterranen Lebensstils – auch oder gerade in Valencia.

Bed ohne Breakfast?

In den letzten Jahren hat nicht nur das Angebot an Hotels in Valencia stark zugenommen, auch das Bewusstsein für außergewöhnliche Unterkünfte ist stark gestiegen. Die Altstadtgebäude wurden sanft renoviert, der Charakter der Bausubstanz bewahrt, wenn nicht sogar hervorgehoben. So findet man heute vom Backpacker-Hostel bis zum trendigen Fünf-Sterne-Boutiquehotel eine breite Auswahl – für jeden Geschmack und jede Reisekasse.

Valencias Stadtzentrum, in dem sich die meisten der auf den folgenden Seiten beschriebenen Hotels befinden, ist verhältnismäßig klein. Wem anstatt Citytrip eher nach Strandfeeling ist, der findet am Stadtstrand eine kleine Auswahl an Hotels, von der einfachen Pension bis zum Fünfsternehaus. Stichworte bei der Hotelsuche sind die Begriffe »Malvarrosa« oder »Avenida de Neptuno«. Wie Pilze aus dem Boden geschossen sind die Touristenapartments, vor allem in der historischen Altstadt. Zwar weit entfernt von der Situation in Barcelona, verknappen diese Unterkünfte doch den Wohnraum für Einheimische, was immer wieder zu Protestaktionen der Nachbarn führt.

Zimmer mit Frühstück? Eher nicht. Zimmer ohne Frühstück? Eine Überlegung wert. Für Spanier besteht ein Frühstück aus kaum mehr als einem Kaffee. Zwar versuchen manche Hotels, den Gewohnheiten ihrer ausländischen Gäste entgegenzukommen, aber meist mit bescheidenem Erfolg. Da bietet es sich an, eine nah gelegene Bar oder eine Bäckerei aufzusuchen.

Vereint Tradition und Moderne – das Caro Hotel

ZUM SELBST ENTDECKEN

Wer nicht unbedingt im eigentlichen Stadtzentrum logieren möchte, sollte eines der zahlreichen Hotels rund um die **Ciudad de las Artes y las Ciencias** in Erwägung ziehen. Die dortigen Häuser sind in der Regel etwas preisgünstiger als jene im Herzen der Stadt, und man ist nahe dem Turia-Flusspark – ideal also für alle, die gern noch eine Runde joggen möchten.

Wie auf Familienbesuch

Hostal Antigua Morellana
Karte 2, E 3

Dieses 300 Jahre alte Haus sei, so sagt man, schon immer eine Herberge gewesen. Im Bewusstsein dieser Historie führen die beiden Schwestern Mari-Carmen und Sonia Martínez ihre Pension mit viel Leidenschaft, sowohl für das Haus wie auch für ihre Gäste. In der Tat überlegen die beiden sympathischen Schwestern ständig, wo sie wieder einmal etwas erneuern könnten – Vorhänge, Matratzen, Bettüberwürfe. Die unkomplizierte, lebensfrohe Art von Mari-Carmen und Sonia springt schnell auf ihre Gäste über, sodass man sich gleich willkommen fühlt. Als würde man sich schon lange kennen. Das familiäre Gefühl verstärkt sich, wenn ihr Vater mit Haushund Bonny in der Rezeption vorbeischaut und den Besuchern die Familienfotos an der Wand erklärt. Die Zimmer verteilen sich auf drei Etagen und sind einfach eingerichtet, verfügen aber über alles, was man benötigt – selbstverständlich auch über eine Klimaanlage. Besonders hübsch sind die Eckzimmer (Nr. 102, 202 und 302). Und sollten Sie Ihr Tablet zu Hause vergessen haben, so steht den Gästen in der kleinen Eingangshalle ein Computer mit Internetzugang kostenlos zur Verfügung.

C. En Bou 2, T 963 91 57 73, www.hostalam.com, DZ 60 €

Rund um die Uhr

Petit Palace Ruzafa E 6

Wenn Sie das Trend- und Multikulti-Viertel intensiv erleben möchten, empfiehlt sich das Petit Palace Ruzafa als Unterkunft. Die Betreiber dieses 3-Sterne-Hotels zählten zu den ersten, die das Potenzial dieses Bezirks voraussahen und dort investierten.

C. Sueca 14, T 963 51 36 38, http://www.petitpalace.com/es/hoteles/valencia-centro/ruzafa/, 41 Zimmer, DZ ca. 70–90 €

Die Borjas als Nachbarn

Hotel San Lorenzo Boutique
Karte 2, E 3

Dieses kleine 3-Sterne Hotel liegt in einer zentralen Fußgängerzone gegenüber dem ehemaligen Borja-Palast, dem Sitz des valencianischen Landesparlaments. Das San Lorenzo bietet verschiedenste Zimmer: vom Classic Double Room bis hin zu einem Loft mit Küche für vier Personen, alle cool und hell designt.

Pl. San Lorenzo 2, T 960 621 693, www.hotelsanlorenzoboutique.com, 35 Zimmer, DZ ab 90 €

Und doch: Bett mit Breakfast

abc you F 6

Zentral zwischen der Gran Vía Marqués del Turia und dem trendigen Ruzafa-Viertel gelegen, bietet das abc you zwölf Doppelzimmer sowie zwei Apartments für jeweils 3–5 Personen, die auf vier Stockwerke verteilt sind. Die Zimmer wurden von einem jungen Paar mit viel Gefühl für Design renoviert, wobei die beiden die alte Bausubstanz mit minimalistischem Interieur kombiniert haben. Aus dem alten Hinterhof ist ein kleiner und charmanter Patio geworden, der besonders abends zum Verweilen einlädt. Besonders lichtdurchflutet ist das Zimmer 309, gehen doch dessen große Fenster auf einen der weiten Innenhöfe hinaus, wie sie in diesem Teil von Valencia typisch sind. Zum Bed & Breakfast gehört ein kleines Café, in dem die Betreiber nicht nur ihren Gästen ein reichhaltiges Frühstück zubereiten, sondern auch dem einen oder anderen Nachbarn einen Kaffee servieren.

C. Martí 10, T 963 81 55 60, www.abcyou.es, DZ ca. 75 €

Bei Familien beliebt

Hostal Venecia Karte 2, E 4

Das 2-Sterne-Hotel ist dank der Drei- und Vierbettzimmer besonders bei Familien und jungen Gruppen beliebt. Zentral gleich neben dem Rathaus gelegen, verfügt das Venecia über eher einfache, jedoch modern und voll ausgestattete Zimmer. Tolle Ausblicke auf das Treiben in Valencia – gerade während des *Fallas*-Frühlingsfests – bieten die Zimmer, deren Fenster zum Rathausplatz hinausgehen.

Pl. del Ayuntamiento 3, T 963 52 42 67, www.hotelvenecia.com, 54 Zimmer, DZ 61–120 €

Zu schön, um zu schlafen

SH Inglés Boutique Hotel
Karte 2, E 4
Ist es Ihnen auch schon passiert, dass Sie den Ausblick aus dem Hotelzimmer so genossen haben, dass Sie gar nicht zu Bett gehen wollten? Genau das könnte Ihnen hier geschehen, wenn Sie eines der Eckzimmer (121, 221 oder 321) reservieren. Denn von diesen Zimmern hat man einen besonders schönen Blick auf das kunstvolle Alabasterportal des Palacio del Marqués de Dos Aguas. Aber auch sonst ist das Inglés, wie es kurz genannt wird, für einen Besuch in Valencia sicherlich eine gute Adresse, befindet es sich doch in einem überaus noblen Gebäude, dem Palacio de los Duques de Cardona aus dem 18. Jh. Das ganze Haus wurde 2017 vollständig renoviert. Heller Parkettboden, große Fenster und eine beinahe minimalistische Einrichtung sorgen dafür, dass das Licht die Zimmer durchflutet. Genau so sieht es mit dem Frühstücksraum aus, von welchem man ebenfalls wunderbar auf den gegenüberliegenden Palacio sieht und gleich große Lust bekommt, den Tag in Valencia in Angriff zu nehmen.

C. Marques de Dos Aguas 6, T 963 51 64 26, www.inglesboutique.com, 63 Zimmer, DZ ab 100 €

Aus Alt macht Neu

Palacio Reina Victoria Karte 2, E 4
1913 eröffnet, war das Reina Victoria das erste Hotel in Valencia und lange auch die erste Adresse der Stadt. Wenn diese Mauern erzählen könnten: etwa vom berühmten Fotografen Robert Capa oder dem Poeten Federico Garcia Lorca, die während des Spanischen Bürgerkriegs (1936–39) hier wohnten. 2016 wurde dem Haus neues Leben eingehaucht. Bei der Komplettrenovierung setzen die Architekten bewusst auf nachhaltige Materialien – Holz, Stahl, Keramik – und schufen Außergewöhnliches. Wer sich Gutes tun möchte, reserviert sich das große Eckzimmer 106. Und vom Balkonzimmer 220 blickt man auf die Hauptpost gegenüber, eines der Jugendstiljuwelen Valencias. Aber auch den anderen Zimmern fehlt es nicht an Besonderheiten, wie Regenduschen oder King-Size Betten. Im Zwischengeschoss befindet sich das Restaurant The Little Queen, wo auch das Frühstück serviert wird.

C. Barcas 4, T 963 51 39 84, www.hotelones hotpalacioreinavictoria04.com, 85 Zimmer, DZ ab 98 €

Schwimmen über den Dächern

Hotel Vincci Mercat Karte 2, D 4
Nur zwei, drei Gehminuten vom Mercado Central entfernt, ist dieses Designhotel vor allem für jene eine gute Adresse, die gern die Sommerabende auf einer kleinen Chill-out-Terrasse inklusive Minipool genießen wollen.

C. de la Linterna 31, T 961 01 42 60, www.vinccimercat.com, 68 Zimmer, DZ ab 100 €

Strandfeeling pur

Hotel Neptuno Karte 4, C 5
Wenn Sie gerne den Tag mit einem Strandspaziergang beginnen oder den Abend mit einem Bad in den Wellen beenden möchten, dann ist ein Hotel gleich am Meer sicherlich eine gute Alternative. Direkt am Strand, gegenüber der Marina Real Juan Carlos I, befindet sich das 4-Sterne-Hotel Neptuno mit lichtdurchfluteten, hellen Zimmern. Das Sonnendeck in der fünften Etage steht allen Gästen offen, wer hingegen eine Sonnenterrasse für sich alleine haben möchte, reserviert am besten die Suite Nummer 401.

Paseo de Neptuno 2, Playa de las Arenas, T 963 56 77 77, www.hotelneptunovalencia.com, Tram 8 Marina Reial Joan Carles I, 50 Zimmer, DZ ab 125 €

Wo sind die Enten?

Astoria Palace Karte 2, E 4
Das Astoria war einst das Hotel, in dem die berühmtesten Matadore des Landes abstiegen. Doch die Zeiten haben sich geändert und auch das Hotel hat sich erneuert. Was aber geblieben ist, ist die zentrale Lage an der als Plaza de los Patos bekannten Plaza Rodrigo Botet – obwohl noch niemand je Enten

(patos) im kleinen Springbrunnen vor dem Astoria gesehen hat.

Pl. Rodrigo Botet 5, T 963 98 10 00, www.ayrehoteles.com, 204 Zimmer, DZ 130 €

Hippes Design

Vincci Palace Karte 2, F 4

Dieses 4-Sterne-Hotel an der belebten Calle de la Paz ist ein Muss für Interior- und Designfans. Auf fünf Stockwerken hat die valencianische Designerin Teresa Calero Innenräume geschaffen, in denen die Farbe Schwarz dominiert, vom Kronleuchter in der Lobby über die Wandverkleidungen und die Türen auf den Etagen bis hin zur Inneneinrichtung der Zimmer. Dieses spezielle Interieur charakterisiert auch die Lounge im Erdgeschoss, ein idealer Ort um noch einen Schlummertrunk zu genießen. Hell und von der mediterranen Sonne durchflutet sind verschiedene Zimmer wie etwa Nummer 410 oder 414, die auch über kleine Balkons verfügen.

C. de la Paz 42, T 962 06 23 77, www.vinccihoteles.com, 76 Zimmer, DZ ab 140 €

Modernismo meets Moderne?

Palau de la Mar G 4

Etwas ganz Außergewöhnliches ist der Palast des Meeres in einem Patrizierhaus aus dem 19. Jh. Hinter der Jugendstilfassade versteckt sich ein Hotel, das durch seine moderne Architektur besticht. Der für diese Bauten typische Innenhof wurde zu einem gemütlichen, schattigen Patio mit viel Grün umgewandelt. 18 der über 60 Zimmer, die sich auf fünf Etagen verteilen, sind denn auch auf diesen Innenhof ausgerichtet. Für alle, die Dachschrägen lieben, ist z. B. das Zimmer 502 genau das Richtige. Es ist groß, hell und trotz der Schräge hoch. Denjenigen, die gerne lange in der Badewanne liegen, sei Zimmer 305 empfohlen, denn dort kann man die Trennwand zwischen Bad und Schlafzimmer öffnen.

Av. Navarro Reverter 14, T 963 16 28 84, www.hospes.es, 66 Zimmer, DZ ab 180 €

Historie und Moderne edel vereint

Caro Hotel Karte 2, F 3

Der kleine Stadtpalast des Marqués de Caro war jahrzehntelang verlassen und verschlossen, bis ein Nach-Nach-Nachfahre 2005 auf die Idee kam, daraus ein kleines Hotel zu machen. Groß war jedoch die Überraschung, als man mit den Renovierungsarbeiten begann: 2000 Jahre alte Mosaiken kamen ebenso zum Vorschein wie Teile der arabischen Stadtmauer oder Keramikkacheln aus dem 18. Jh. Sieben Jahre verzögerte sich daher die Eröffnung dieses Boutiquehotels. Sieben Jahre, die sich jedoch gelohnt haben. Heute bietet das Haus 26 außergewöhnliche Zimmer, durchgestylt in Sachen Möbel und Interieur, die starke Kontrapunkte zu der historischen Bausubstanz setzen. Vor allem die Zimmer gleich unter dem Dachfirst bestechen durch die frei liegenden alten Holzbalken. Abkühlung bietet im Innenhof nicht nur die Bar mit ihren coolen Drinks, sondern auch ein kleiner Swimmingpool.

C. Almirante 14, T 963 059 000, www.carohotel.com, 26 Zimmer, DZ ab 180 €

Moderne und Jugendstil vereint im Palau de la Mar

Lebensfreude geht durch den Magen

Essen ist für die Valencianos weit mehr als lediglich Nahrungsaufnahme. Der Almuerzo – der kleine Zwischenhappen am Vormittag – in der nahe gelegenen Bar ist fester Bestandteil des Arbeitsalltags. Und ein Familientreffen ohne einen üppig gedeckten Tisch ist ganz einfach unvorstellbar.

Spanien tickt anders. Das beginnt schon damit, dass man erst ab 14 Uhr zu Mittag isst und entsprechend spät zu Abend, frühestens ab 20.30 Uhr. Gerade an Wochenenden ist es in Valencia nicht unüblich, einen Tisch erst für 22 Uhr zu bestellen. Diese späten Essenszeiten sind gerade bei Kurzurlauben etwas gewöhnungsbedürftig, aber lassen Sie sich darauf ein. Dann ist die Chance groß, nicht in eine Touristenfalle zu tappen.

Und wenn Sie mittags wie die Einheimischen essen möchten, sollten Sie eines der Mittagsmenüs bestellen, die wochentags alle Restaurants servieren. Ein solches *menù del día* besteht aus drei Gängen und mindestens ein Getränk ist auch dabei: Wein, Wasser oder Erfrischungsgetränk, manchmal auch Kaffee zum Abschluss. Der Preis beginnt bei 8–10 €, in besseren Lokalen liegt er bei ca. 14–15 €. 20 € wäre Spaniern schon zu teuer.

In Valencia ist es wie in ganz Spanien üblich, etwas Trinkgeld zu geben. Die Betonung liegt auf ›etwas‹: Einheimische lassen in der Regel das Kleingeld liegen, dass sie als Rückgeld erhalten. Oder man legt ein, zwei Euromünzen dazu.

ZUM SELBST ENTDECKEN

Die **Calle Conde Altea** (🗺 F/G 5) ist jene Straße, welche die Valencianos ansteuern, wenn sie schön Abendessen gehen wollen, jedoch noch nicht wissen, auf was sie Lust haben. In diesem Bereich des Ensanche-Viertels findet man eine große Auswahl an unterschiedlichsten Kneipen und Restaurants, und zwar in allen Preisklassen und Küchenstilen.

Hat auch in Spanien Einzug gehalten – Brotvielfalt.

SO BEGINNT EIN GUTER TAG IN VALENCIA

Die Brotrevolution

Panaria Karte 2, D 4

Die Erfinder von Panaria haben die Idee der Kombination von Bäckerei und Kaffeehaus nach Spanien geholt und sind damit auf Begeisterung gestoßen. Wurde bis dahin in Spanien hauptsächlich Weißbrot in Baguetteform – in Spanien *barra de pan* – gegessen, so zählten die Panaria-Bäckereien zu den ersten, die Alternativen zum Weißmehl anboten. In den rund ein Dutzend Niederlassungen findet man daneben auch Croissants, Brownies oder Kuchen. Gute Ideen werden gerne kopiert, weshalb Sie heute in Valencia immer mehr hübsch eingerichtete Backstuben finden können.

Av. Barón de Cárcer 34, www.panariapanaderias.es, tgl. 7–21 Uhr

Deftiger Start in den Tag

Boatella Karte 2, E 4

In Valencia besteht das Frühstück meist nur aus einer Tasse Kaffee, zwischen 10 und 11 Uhr wird dann jedoch der *almuerzo* eingenommen. Der ist etwas nahrhafter: vielleicht ein Toastbrot mit Öl und Salz, ein kleines Sandwich oder – oftmals auch und – eine kleine Tapa. Für einen solchen *almuerzo* bietet sich z. B. diese Tapasbar genau gegenüber dem Haupteingang zum Mercado Central an. Von den Tischen auf dem Bürgersteig lässt sich bestens das Treiben vor der Markthalle beobachten. Auch was das Essen angeht, ist Boatella empfehlenswert: Die auf der Theke präsentierten Häppchen sind frisch zubereitet und vielfältig. Besonders lecker sind die *puntillas,* kleine, im Teig frittierte Calamares.

Pl. del Mercado 34, Mi–Mo 8–24 Uhr

Glutenfreie Leckereien

CeliacRuz E 7

Schon der Name bringt es auf den Punkt, ist er doch ein Wortspiel aus *celiaco* (Zöliakiekranker) und dem Namen des Multikulti-Viertels Ruzafa. Dabei handelt sich um eine Mischung aus Bäckerei, Café und Restaurant, die sich auf glutenfreie Lebensmittel spezialisiert hat. Doch gibt es nicht nur eine Vielzahl an Frühstücksleckereien wie etwa Donuts, Kuchen oder die traditionellen *enseimadas,* es werden auch Pizzas und Salziges gebacken. Sonntags wird jeweils um 12 und 14 Uhr ein thematisches Brunchbüfett angeboten: italienisch, spanisch, amerikanisch und vegan.

C. Cuba 54, T 963 41 33 88, www.celiacruz.es, Mo–Do 10–14, 16.30–21.30, Fr/Sa 10–14, 17–21.30, So 10–21.30 Uhr

Valencianisches Traditionslokal

Horchatería de Santa Catalina Karte 2, E 4

Die Valencianos sind, wie schon erwähnt, keine Frühstücksspezialisten. Wenn sie sich aber doch mal hinsetzen, dann geht es kalorienmäßig zur Sache. *Churros* sind ein in Öl frittiertes Spritzgebäck, das in großen Teilen Spaniens zur Tradition gehört, gegessen werden *churros* meist zu einer Tasse heißer, dickflüssiger Schokolade. Wer Kakao nicht mag, der kann sich hier auch eine *horchata* bestellen, eine Milch aus Erdmandeln, die es nur in Valencia gibt. Die einfach nur Santa Catalina genannte *horchatería* kennt in Valencia jedes Kind.

Pl. Santa Catalina 6, T 963 91 23 79, www.horchateriasantacatalina.com, 8.15–21.30 Uhr

WO ESSEN AUF NACHHALTIGKEIT TRIFFT

Ein Klassiker unter Vegetariern

La Tastaolletes Karte 2, D 2

2002 als eines der ersten vegetarischen Restaurants in Valencia eröffnet, wird La Tastaolletes besonders von einer treuen Stammkundschaft frequentiert. Dass das Prädikat ›Klassiker‹ Neuerungen nicht ausschließt, beweisen die Inhaberinnen auch damit, dass sie immer stärker auf vegane Produkte setzen. Chefin in der Küche ist Amparo, die mit viel Leidenschaft vegetarische und vegane Gerichte auf die Teller zaubert. Nebst dem jeweiligen Tagesangebot lässt sich auf der Speisekarte Besonderes entdecken, etwa Apfel-Hirse-Kroketten oder Algensalat mit Apfelsinenvinaigrette. Klassiker ist und bleibt aber die Spezialität des Hauses – Mousaka –, doch auch die Pilzlasagne wird oft bestellt.

C. Salvador Giner 6, T 963 92 18 62, www.latastaolletes.com, Di–Sa 13.30–16, 20.30–23.30, So 13.30–16 Uhr, Tagesmenü 12 €

Vegetarisch, modern interpretiert

Restaurante Copenhagen E 7

Eigentlich waren Celia Aragó und Olga Vázquez keine Gastroprofis, vielmehr kochten die beiden oft und gerne zu Hause für ihre Freunde. Eines Tages aber beschlossen die beiden Frauen, ein vegetarisches Restaurant zu eröffnen. Neue Wege sollte es gehen, weg vom Körnerpicker-Image hin zu einem Konzept, in dem Design und Modernität mit einer bewussten und nachhaltigen Ernährung harmonieren. Entstanden ist so zunächst der Restaurante Copenhagen, dessen Name eine Hommage an die Modernität der dänischen Hauptstadt sein soll. Nicht zuletzt ist es Celias und Olgas Ziel, auch Fleisch- und Fischliebhaber für die vegetarische und vegane Küche zu gewinnen, weshalb die beiden an immer neuen Gerichten herumtüfteln. So sind etwa die *paté* aus Sonnenblumenkernen, verschiedene Gemüseteigwaren oder der Veggieburger Copenhagen entstanden, Letzterer wird übrigens besonders gern bestellt. Aber auch bei den Weinen wird auf Qualität und Moderne gesetzt, wobei vor allem die regionalen Bioweine aus Requena, Utiel und Alicante sehr beliebt sind. Neben dem Lokal im Barrio der Ruzafa gibt es neuerdings mit dem **Restaurante Oslo** (Karte 2, E 3) ein zweites Restaurant im Herzen der Altstadt, gleich neben der bei Nachtschwärmern beliebten Plaza del Negrito im El-Carmen-Bezirk.

www.grupocopenhagen.com, Menü ab 12 €; Copenhagen: C. Literato Azorín 8, T 963 28 99 28, tgl. 13.30–16, Do–Mo auch 20.30–23.30 Uhr; Oslo: C. Catalans 8, T 960 91 07 22, Di–Sa 13.30–16, 20.30–23.30, So 13.30–16 Uhr

B BEZAHLEN

Schießen Sie sich nicht ins Abseits! Wenn Sie mit Spaniern essen gehen, sollten Sie wissen, dass man beim Bezahlen die Rechnung nie und nimmer danach aufschlüsselt, was jeder Einzelne konsumiert hat. Vielmehr ist es in Spanien üblich, den Betrag brüderlich durch die Anzahl der Anwesenden zu teilen. Machen Sie mit und halten Sie es genauso.

Makrobiotisch und vegan

Kimpira Karte 2, E 5

Hinter diesem Restaurant, das außer samstags nur tagsüber geöffnet ist, steht Patricia Restrepo, die auf vegetarische, vegane und makrobiotische Küche spezialisiert ist. Sie und ihr Team setzen bei allen Zutaten auf Nachhaltigkeit, so wird etwa nur gefiltertes Wasser und anstatt Zucker Reismelasse verwendet. Bei den Hauptspeisen konzentriert man sich im Kimpira auf vegetarische und vegane Hamburger sowie Pasta.

C. Convento San Francisco 5, T 963 92 34 22, www.kimpira.es, tgl. 8.30–16, Fr/Sa auch 20.30–24 Uhr, Mittagsmenü ab 13.50 €

Der Mercado Central lässt grüßen

La Lola Karte 2, E 3

Jesús Ortega ist ein Macher und Trendsetter und das La Lola weit mehr als ein Speiselokal. Hier solle, so der Chef, Kulinarisches zu einem Sinnesgenuss werden. Was die Küche angeht, so wird bewusst großer Wert auf frische Produkte aus dem nahe liegenden Mercado Central gelegt. Aus diesen kreiert das internationale Küchenteam immer neue Ideen. Die Tapas sind ebenso originell – Maistörtchen mit Pilzen, Freilandeiern und angebratenem Schinken etwa – wie die Hauptspeisen: Roter Thunfisch mit Früchten, Gemüse und Pinienkernvinaigrette. Bei allen Ge-

Schlemmen bei La Lola, besonders angenehm in der Gasse vorm Lokal

richten setzen Jesús und sein Küchenteam ganz bewusst auf gesunde Ernährung. Nicht nur fleischlose, sondern auch glutenfreie Speisen stehen auf der Karte. Wer draußen in der romantischen Altstadtgasse das La Lola genießen möchte, sollte unbedingt vorher reservieren.

C. Subida del Toledano 8, T 963 91 80 45, www.lalolarestaurante.com, tgl. 13.30–15.30, 20.30–23.30 Uhr, Mittagsmenü ab 22 €, Abendmenü ab 25 €, à la carte ab 35 €

INSTITUTIONEN UND SZENETREFFS

Die besten Sardinen der Stadt

Tasca Ángel Karte 2, E 3

Kaum größer als ein Kiosk, gibt es in der Tasca Ángel gerade mal sechs oder acht Barhocker, ansonsten steht man zwischen Theke und aufgetürmten Kartons eng zusammen. Nach dem zweiten Glas Barbadillo-Weißwein kommt man so zwangsläufig mit den anderen Gästen ins Gespräch. Bekannt ist die Tasca Ángel für ihre Sardinen, die mit etwas Olivenöl und Petersilie serviert werden. Ob man hungrig ist oder nicht, dem leckeren Duft der frischen Fische verfällt man nur allzu gern. Und wer gerne Knoblauch mag, der sollte unbedingt eine kleine Portion *ajo arriero* bestellen, eine Art Püree aus Kartoffeln, Stockfisch und Knoblauch, das kalt serviert wird.

C. Purísima 1, T 963 91 78 35, Mo–Sa 10.30–15, 19.30–23.30 Uhr, So geschl.

Gruß aus dem Norden

Restaurante A' Peregrina

Karte 2, F 3

In ganz Spanien liebt man die Küche Galiziens, jener Region im Nordwesten, in welcher der Jakobsweg seinem Endpunkt zustrebt. Dieses kleine, von der Wirtin Maria familiär geführte Restaurant befindet sich etwas versteckt in der Altstadt, idealerweise reserviert man einen Tisch auf dem kleinen Platz vor dem Lokal. Auf der Speisekarte stehen leckere, galizische Gerichte, wie etwa die mit Thunfisch gefüllten Pasteten *(empanada),* die kleinen, grünen Pfefferschoten *(pimientos de padrón),* die fein geschnittene, kalt servierte Schweinshaxe *(lacón)* oder ein Rindersteak *(chuletón).* Und zum Abschluss dürfen natürlich die weltberühmte *tarta de Santiago* (Mandelkuchen) und ein Schnaps *(orujo)* nicht fehlen.

Pl. de Santa Margarita 1, T 655 80 27 62, restauranteoperegrino.com, Mi–Do 20–23, So/Fei 14–16 Uhr

Paella mit Strandfeeling

Luz de Luna Karte 4, B 2

Entlang der Strandpromenade der Malvarrosa gibt es eine große Auswahl an Restaurants, die alle Ähnliches anbieten. Das ›Mondlicht‹ empfehle ich, weil es von den Geschwistern Pedro, Vicente und Élena Gonzalo in zweiter Generation mit viel Engagement geführt wird. Nicht nur der Umgang mit den Gästen, sondern auch die Qualität der Küche sind die Gründe, die viele immer wieder hierherkommen lassen. Im Luz de Luna besonders zu empfehlen sind die *arroces caldosos.* Dabei handelt es sich um Reisgerichte mit Meeresfrüchten, deren Sud besonders schmackhaft ist und der deshalb oft mit serviert wird – ganz im Gegensatz zur klassischen Paella, die erst serviert wird, wenn die Brühe vollständig verdampft ist. Als Vorspeise bestellt man am besten die kleinen, frittierten Fische *(pescaditos fritos)* oder Calamares *(puntillas de calamar).* Élena, die in der Küche für Ordnung sorgt, bietet aber auch denen, die Fisch und Meeresfrüchte nicht mögen, interessante Alternativen.

Paseo Marítimo Módulo 5, T 963 55 00 53, http://restauranteluzdeluna.com, tgl. 10–23 Uhr, Menü ab 14 €

Paella-Klassiker

Casa Roberto F 6

Wer eine authentische Paella mitten in der Stadt genießen möchte, und zwar dort, wo es keine Touristen gibt, der ist hier genau richtig. Seit der Eröffnung 1986 hat sich die Casa Roberto zu einem Treffpunkt der Paella-Liebhaber entwickelt. Trotz des gehobenen Stils des Lokals ist es durchaus üblich, die Paella-Pfanne in die Mitte des Tisches zu stellen und mit dem eigens gereichten Holzlöffel zu essen. Diesen darf man als Geschenk mit nach Hause nehmen.

C. Maestro Gozalbo 19, T 96 95 15 28, casa roberto.es, Di–So 13.15–16 Uhr, ab 18 €

Vielseitiges Mittagsmenü

Restaurante Canovas G 5

Unweit des schicken Mercado de Colón befindet sich dieses Lokal, in welchem es sich besonders gut zu Mittag essen lässt. Denn einerseits ist man hier etwas abseits vom Zentrum, andererseits findet man dort ein wirklich leckeres, vielseitiges und nicht teures Menü, bei welchem man zwischen fünf, sechs ersten Gängen und ebenso viele zweiten auswählen kann. Die einzelnen Gerichte werden zwar immer wieder geändert, wer aber Fleisch mag, der sollte unbedingt das Schweinefilet *(secreto iberico)* an Honig bestellen.

Pl. Canovas de Castillo 10, T 963 33 11 59, tgl. 8–24 Uhr, Mittagsmenü ab 13 €

EXPERIMENTIERFREUDIG UND UNGEWÖHNLICH

Küchen der Welt

El Rodamón de Russafa E 7

Sozusagen eine Reise um den Globus bietet dieses Trendlokal seinen Gästen an. Entsprechend ist die Speisekarte nicht etwa nach Vor- und Hauptspeisen getrennt, sondern nach, ich nenne es mal, Gourmetnationen. Unter der Überschrift »Allez enfants de la patrie« findet man eines der wohl leckersten Steak Tartare der Stadt, Liebhaber indischer Küche finden unter dem Kapitel »Mowgly versus Shere Khan« eine Auswahl an Currygerichten. Wer die kulinarische Weltreise, die von den El-Rodamón-Köchen vorgeschlagen wird, weiterführen möchte, kann auch US-amerikanische, italienische, südamerikanische Rezepte probieren, nicht zu vergessen natürlich die valencianischen Köstlichkeiten. Neben der Mischung aus Haute Cuisine und Fusion spielen hier auch die Weine eine wichtige Rolle. Ich kenne Weinliebhaber, die eigens wegen der exzellenten Auswahl an Rot- und Weißweinen ins El Rodamón kommen, und weil die Kellner genau wissen, von was sie sprechen, wenn sie einem einen edlen Tropfen empfehlen.

C. Sueca 47, T 963 21 80 14, www.elrodamon.com, Mi–Mo 14–16,20.30–23.30, Di 20.30–23.30 Uhr, Mittagsmenü ab 12,50 €

Treff der alternativen Szene

Ubik Café E 7

»Ubik« ist der Titel eines Science-Fiction-Romans aus den 1960er-Jahren, in dem mehrere Realitätsebenen in sich verschachtelt sind. Genau dies ist auch das Konzept des gleichnamigen Cafés, denn es handelt sich einerseits um einen Buchladen, andererseits um eine Kneipe, in der man auch essen kann. An Wochenenden trifft sich die alternative Szene Valencias hier auch zu Konzerten, Malkursen und politischen Podiumsdiskussionen. Bei der Küche setzen die Betreiber bewusst auf lokale Produkte, die in der benachbarten Ruzafa-Markthalle gekauft werden, sowie auch auf regionale Biere.

C. Literato Azorín 13, T 963 74 12 55, www.ubikcafe.blogspot.com, Mo–Di 17–24, Mi–So 12–24 Uhr, Mittagsmenü ab 11 €

Authentisch marrokanisch

Restaurante Zakaria E 6

Ursprünglich kochte Wirtin Amina nur für ihre Landsleute, heute zählt sie immer mehr Spanier und Touristen zu ihren Gästen. Trotzdem hat die energische Marokkanerin ihre unkomplizierte Art, mit den Gästen umzugehen, beibehalten. Einzige Konzession an die neue Kundschaft: Sie serviert jetzt auch alkoholhaltiges Bier. In der Küche jedoch hat sich nichts geändert, marokkanische Hausmannskost wie Lamm oder Couscous ist auch weiterhin angesagt. Unbedingt als Nachspeise kosten sollte man die verschiedenen Arten von Mandel-Honig-Gebäck, derweil steht Ehemann Ali hinter der Theke und bereitet den Minztee zu.

C. Puerto Rico 26, T 963 24 97 38, tgl. 13–23 Uhr, im Aug. geschl., während des Ramadan nur abends geöffnet, Menü ab 12 €

Traditionelles neu umgesetzt

Los Madriles F 6

Eigentlich wurde dieses Restaurant bereits 1962 gegründet, doch heute erinnert nur noch die Fassade an jene Zeit. Denn genau 50 Jahre später hat der Touristikfachmann José Vicente Gomez dem alten Laden neues Leben eingehaucht und versucht, traditionelle Gerichte neu zu interpretieren. Mit *comidas de cuchara* sind einfach mit dem Löffel zu essende Gerichte gemeint: z. B. der Fleischeintopf, der während der kühleren Monate auf der Mittagskarte steht, oder der Sudreis, der im Sommer angeboten wird. Abends kommen die Gäste um die kreativen (Tapas-)Gerichte zu genießen, ursprünglich einfache Rezepte, die das Küchenteam mit einem bestimmten Etwas angereichert hat: etwa der leicht angebratene Tintenfisch, der auf einer Kartoffel-Trüffel-Unterlage serviert wird, oder die Teigtaschen mit Schweinefleisch, Shiitakepilzen und Cashewnüssen. Wer sich der Qual der Wahl entziehen möchte, der ordert am besten gleich das Degustationsmenü – bestehend aus sechs Gerichten und einer Nachspeise.

Av. Reino de Valencia 48, T 963 73 91 01, www.losmadrilestaberna.com, Mo–Do 9–24, Fr–So 9–1 Uhr. Mittagsmenü ab 15 €, Degustationsmenü (ohne Getränke) 25 €

Rustikales Ambiente, aber modern interpretierte Tapasgerichte gibt es bei Los Madriles.

Valencias Star kocht

Canalla Bistro F 6

Es lässt sich streiten, ob er der beste Koch Valencias ist, unbestritten ist Richard Camarena aber einer der umtriebigsten Chefs ganz Spaniens. 2007 erhielt er seinen ersten Michelin-Stern, 2009 kam er von der Costa Blanca nach Valencia. Heute betreibt er in der Stadt neben diesem Gourmetrestaurant auch das ›Habitual‹ im Untergeschoss des Mercado de Colón. Besonders unverkrampft und locker ist das Ambiente jedoch im Canalla Bistro, sowohl von der Inneneinrichtung – keine weißen Tischtücher, sondern Vintage-Style und eine coole Bar – als auch von der Stimmung und den Gästen her. Die Karte bietet eine breite Auswahl an Fusion-Gerichten, wie etwa Ochsenschwanz-Taco mit Pilzen, mit Thunfisch gefüllte Avocado-Cannelloni oder chinesische Auberginen an einer »hot chilli garlic sauce«.

C. Maestro José Serrano 5, T 963 74 05 09, www.canallabistro.com, tgl. 13.30–15.30, 20–23 Uhr

Deutsch-valencianische Fusion

RIFF F 5

Seit der Eröffnung im Jahr 2001 hat sich das RIFF zu einem der renommiertesten und innovativsten Feinschmeckerlokale Valencias entwickelt. Hinter diesem Erfolg steht Besitzer Bernd Knöller, ein Koch mit Leib und Seele. Der gebürtige Schwarzwälder zog 1991 nach Spanien, zehn Jahre später konnte das Energiebündel mit dem RIFF seine kulinarische Vision in Valencia in die Tat umsetzen. Seine Gerichte sind denn auch geprägt von der Freude an neuen Ideen und einer tiefen Liebe zu Fisch und Meeresfrüchten. Dafür geht er persönlich zur Fischbörse und ersteigert die frischen Produkte für sein Restaurant. Und das macht Sinn. Denn, wo findet man sonst so ausgefallene Gerichte wie Pfahlmuschel mit rohem Kürbissaft und Ziegenfrischkäse oder weißen Thunfisch mit Mohnöl? Im Keller des RIFF lagern zudem über 300 verschiedene Weine, allein 60 davon sind bester deutscher Riesling, den Knöller zu seinen Fischgerichten empfiehlt. Herrin über die Weine ist Paquita Pozo. Die Sommelière aus Andalusien arbeitet seit 1995 mit Bernd Knöller zusammen und ergänzt die Kochideen des Chefs perfekt mit den entsprechenden Tropfen.

C. Conde Altea 18, T 963 33 53 53, www.restaurante-riff.com, Di–Sa 13.30–15.30, 20.30–22.30 Uhr, Degustationsmenü ab 78, Mittagsmenü 35 €

Die Gelegenheit, authentische Paella zu genießen, bietet sich, wenn Tapasbars oder Restaurants sie als Teil eines Menüs im Angebot haben.

DIE PAELLA STAMMT AUS VALENCIA

Es gibt zwei Klischees über die Paella, denen ich immer wieder begegne: Das erste ist die weitläufige Meinung, dass es sich bei der Paella um das spanische Nationalgericht par excellence handelt, und das zweite, dass in einer Paella Meeresfrüchte sein müssten. Beides ist, mit Verlaub, falsch! 10, 20 km südlich der Stadt breiten sich weitläufige Reisfelder aus, die von der Albufera-Süsswasserlagune bewässert werden. Entsprechend ist Valencia nicht nur die Reiskammer Spaniens, sondern eben auch die Heimat dieses Gerichtes. Und da es sich letztendlich um nichts anders als einen einfachen Reisbauerneintopf handelte, verwendete man jene Zutaten, die man gerade zur Hand hatte. Aus diesem Grund besteht die Original-Paella, also die **Paella Valenciana,** nur aus Reis, Bohnen, Hühnchen- und Kaninchenfleisch.

Paella-Varianten

Da das Wort *paella* aber auch der Name der großen, runden Pfanne ist, in welcher dieses regional-typische Mittagessen zubereitet wird, dürften eigentlich alle Gerichte, die darin zubereitet werden, als Paella bezeichnet werden. Und in der Tat gibt es eine Vielzahl an Zubereitungsformen wie etwa die **Paella de Marisco,** für welche Meeresfrüchte wie Miesmuscheln, Garnelen und Calamari verwendet werden. Wer sich die Hände beim Puhlen nicht schmutzig machen und ausschließlich mit Messer und Gabel zu speisen pflegt, der bestellt am besten **Arroz a Banda** oder **Arroz Senyoret,** in die Fischsorten wie Seeteufel, Rotbarsch und Makrele gegeben werden. Der **Arroz Negro** wiederum verdankt seinen Namen der Tinte des Tintenfischs, die den Reis schwarz färbt. Wer weder Fleisch noch Fisch isst, der bestellt sich am besten eine **Paella de Verduras,** in welcher zum Reis ausschließlich regionales Gemüse wie Bohnen, Auberginen, Artischocken oder Blumenkohl kommen. Die Gemüsepaella ist übrigens keineswegs eine Erfindung der Vegetarier, sondern gilt allgemein als eine der besonders schmackhaften Paella-Varianten. Die **Fideua** mag für Ausländer etwas ungewöhnlich klingen, wird doch bei dieser Meeresfrüchte-Paella anstatt Reis Nudeln (zu Spanisch: *fideos)* verwendet. Die Fideua ist übrigens die Lieblingsspeise des Autors. Eigentlich nur Touristen bestellen die **Paella Mixta,** Valencianos mögen die Geschmacksvermischung von Fleisch und Fisch nicht wirklich.

Paella essen wie die Valencianos

In Valencia ist es gang und gäbe, die Paella in die Mitte des Tisches zu stellen, sodass alle – mit einem Löffel bewaffnet – direkt aus der Pfanne essen können. Auch in nobleren Restaurants ist es durchaus üblich, die Paella auf diese gesprächsfördernde Art zu verspeisen. Ebenfalls sollte man wissen, dass es knapp eine Stunde dauert, eine echte Paella zuzubereiten. Daher bestellen die Valencianos ihre Paella vor, oder sie ordern Paella, wenn sie als Bestandteil eines Menüs angeboten wird. Absolutes No-Go sind jene Paellas, die innerhalb von 20 Minuten in individuellen Pfännchen auf den Tisch kommen, denn dabei handelt es sich um industriell vorbereitete Ware, die nur ahnungslose Touristen bestellen.

Typisch spanisch!

Als die wirkliche spanische Nationalspeise muss zweifelsohne das **Kartoffel-Omelette** bezeichnet werden. Die Tortilla Española findet man in der Tat überall in Spanien, sie ist gerade als Tapa oder als Bocadillo (zwischen zwei Brotscheiben) bei Jung und Alt beliebt.

Genießen statt ›Shop till you drop‹!

Einkaufen als Vernügen, nicht als Stress, dafür eignet sich Valencia hervorragend. Nicht zuletzt, weil das Zentrum übersichtlich ist und die wichtigsten Einkaufsstraßen nah beieinanderliegen. Sie können also bequem zu Fuß und ohne öffentliche Verkehrsmittel die Läden abklappern. Und sollte zwischendurch trotzdem Einkaufsstress aufkommen, laden die vielen Cafés und Tapasbars zum Pausemachen ein. Gerade im Hochsommer sollte man die Shoppingtour in die Abendstunden verlegen.

Die Calle de Colón ist die wohl populärste Einkaufsstraße Valencias, an der sich die El-Corte-Inglés-Kaufhäuser sowie verschiedene Modeketten (Zara, Mango, Springfield) reihen. Schuhfreaks sind in der Calle Don Juan de Austria sowie in der Calle Ruzafa, in der Fußgängerzone zwischen Rathausplatz und Stierkampfarena, sicherlich richtig. Um einen Tick nobler sind die Boutiquen rund um den Mercado de Colón und entlang der Calle Cirilo Amorós, Luxus der Oberklasse bieten die Boutiquen an der Calle Poeta Querol.

Die traditionellen Geschäfte in Spanien öffnen selten vor 10 Uhr und schließen meist mittags für 2–3 Std. Im Juli und August kann es vorkommen, dass einzelne Läden nachmittags gar nicht öffnen. Durchgehend bis abends um 22 Uhr geöffnet haben die El-Corte-Inglés-Warenhäuser.

Entspannt shoppen – so sollte die Devise lauten.

ZUM SELBST ENTDECKEN

Kleine Läden und trendige Shops mit Modeartikeln oder Accessoires findet man im Barrio del Carmen, vor allem in den Gassen zwischen der Plaza de la Virgen und den Torres des Quart, einem der beiden Stadttore. Wer es ganz preiswert möchte, der schaut sich nach sogenannten ›Chinaläden‹ um, in denen man etwa Hosen oder T-Shirts für ein paar Euro kaufen kann. Ideal also für diejenigen, die zu wenig Klamotten eingepackt haben. Diese Billigläden findet man vor allem in den Wohnbezirken, aber auch im Barrio de Ruzafa.

BÜCHER UND MUSIK

Spanische Weltliteratur
Paris Valencia Karte 2, F 4
Spanisch ist nach Chinesisch die meist gesprochene Sprache auf dieser Erde. Entsprechend groß ist auch das literarische Schaffen, vom Klassiker der Klassiker, Miguel de Cervantes'»Don Quijote«, über Werke von Nobelpreisträgern wie Mario Vargas Llosa bis zu denen neuerer Erfolgsautoren wie Carlos Ruiz Zafón. Wenn Sie also spanische Weltliteratur in der Originalsprache lesen möchten, so finden Sie in der Buchhandlung Paris-Valencia sicherlich ein Werk, das Ihnen gefallen wird.
Pl. Alfonso el Magnánimo 13, www.parisvalencia.com, Mo–Fr 10–14, 16.30–20.30, Sa 10–14, 17–20.30 Uhr

Im Schatten des Windes
Librería Anticuaria Rafael Solaz
Karte 2, E 4
In seinem Erfolgsroman »Im Schatten des Windes« beschreibt Carlos Ruiz Zafón den Friedhof der vergessenen Bücher. Was der katalanische Romanautor so unglaublich fantasievoll beschreibt, findet sich real in diesem kleinen Buchantiquariat im Herzen Valencias wieder. Ladenbesitzer Rafael Solaz hat rund 15 000 alte Bücher bis unter die Decke gestapelt, das Älteste stammt – so behauptet der Bücherwurm – aus dem 15. Jh.
C. San Fernando 7, www.libreriarafaelsolaz.es, Mo–Fr 10–13, 17–19, Sa 10–13 Uhr

Vinyl ist kein Trend
Discos Amsterdam B 2
Plötzlich kommen die Plattenspieler wieder in Mode, Vinylscheiben sind im Trend? Für Musikliebhaber Juan Vitoria stimmt das so nicht ganz, denn für ihn waren die 33er-Platten nie out. In seinem Laden finden Musikliebhaber daher Aufnahmen aus den Bereichen Rock, Pop oder Rhythm & Blues nationaler und internationaler Bands. Aber Juan geht auch mit der Zeit, selbstverständlich gibt es in seinem Laden auch CDs außergewöhnlicher Formationen, weshalb er auch eine zweite Website mit aktuellen Kommentaren und Musikkritiken betreibt (www.juanvitoria.com).
Local 80, Centro Comercial Nuevo Centro, Av. de Pio XII 2, www.discosamsterdam.com, Mo–Sa 10–21 Uhr

Vinyl ist längst wieder in.

DELIKATESSEN UND LEBENSMITTEL

Edler Wein und geistige Getränke
Bodegas Biosca E 6
Weinhandlungen gibt es viele, aber kaum eine in Valencia hat eine solch lange Tradition wie die Bodegas Biosca im Barrio de Ruzafa. 1932 gegründet, findet man in diesem kleinen, knapp 100 m² großen Laden rund 2000 verschiedene Produkte. Bis oben vollgestopft, sind die Bodegas Biosca alles andere als ein Designtempel, dafür wird hier auf kompetente Beratung in dritter Generation gesetzt. Nebst Weiß- und Rotweinen findet man hier auch Cavas, Hochprozentiges und ausgewählte Biere. Und wie es sich für eine spanische Bodega gehört, fehlt auch der einfache Hauswein aus dem Holzfass nicht.
C. Doctor Serrano 20, www.bodegasbiosca.es, Mo–Fr 8.30–14.30, 17–20.30, Sa 9–14.30 Uhr

Traditionelles aus dem Ofen
Horno y Pastelería Martínez
Karte 2, E 4
Die kleine Bäckerei, die sich gleich hinter der Lonja befindet, wird von den Schwestern Laura und Cristina Martínez in zweiter Generation geführt. Sie hat wenig gemein mit den modern eingerichteten Feinbäckereien, die in Valencia in den vergangenen Jahren en vogue

geworden sind, denn bei den Martinez-Schwestern ist nichts vorfabriziert, vielmehr wird alles jeden Tag vor Ort frisch zubereitet. Eine Auswahl treffen: nicht einfach. Zu gut duftet es in dieser Backstube. Valencianische Spezialitäten sind etwa das gesalzene Fladenbrot mit Sardinen und Speck *(torta de sardina y tocino)* oder der aus Süßkartoffeln hergestellte Kuchen *(pastel de boniato).*
C. Ercilla 17, Mo–Fr 7–15, 17–20, Sa 7–14 Uhr

Erstklassige Jamones
Carnicería Manglano Karte 2, F 5
Eine der beliebtesten Delikatessen Spaniens sind die luftgetrockneten, gesalzenen Schinken, die *jamones serranos,* die kunstvoll-fein geschnitten fast durchsichtig sind und auf der Zunge zergehen. Eine der besten Adressen hierfür ist die Metzgerei Manglano, die bereits 1955 gegründet wurde und sich heute im wundervollen Mercado de Colón befindet. Neben Schinken findet man hier darüber hinaus eine exquisite Auswahl an typischen spanischen Fleisch- bzw. Wurstwaren wie etwa Paprikawürste, *chorizo.*
Untergeschoss, Mercado de Colón, C. Jorge Juan 19, www.manglano-valencia.com, Mo–Sa 8.30–21 Uhr

Valencianische Genüsse
La Despensa de la Reina
Karte 2, E 4
So authentisch-sympathisch die Besitzerin dieses kleinen Gourmetladens, so originell sind die Produkte, die sie hier anbietet. ›Lágrima‹ (Träne) heißt das wirklich außergewöhnliche Olivenöl, welches man entsprechend dem Namen am besten auf Brot tröpfelt. Aus dem Hinterland stammen die Konfitüren ›Dulces de la Cartuja‹. Wirklich in Fahrt kommt Pilar Martí, wenn man sie nach den alkoholischen Getränken fragt: Unter Liebhabern einen Namen gemacht hat sich der ›VLC Gin‹, Orangen anstatt Trauben werden gekeltert, um den Tarongino-Wein herzustellen. Nicht fehlen dürfen natürlich die regionale Wermut-Marken sowie die wohl traditionellste Spirituose mit Anisgeschmack, die ›Cazalla‹. Bierfreunde werden bei Pilar ebenso fündig wie solche, die gerne einen besonderen Rotwein mit nach Hause nehmen wollen. Macht nichts, wenn Sie nicht Spanisch sprechen, Pilar wird sich auch so mit Ihnen verständigen und Ihnen etwas Originelles vorstellen können.
C. Derechos 38, https://la-despensa-de-la-reina.negocio.site, Mo–Fr 10–20, Sa/So 10–18 Uhr

Hätten Sie es gewusst? Auch aus Orangen lässt sich Wein keltern.

FLOH- UND STRASSENMÄRKTE

Täglich frische Blumen

Mercado de Flores Karte 2, E 4/5
Eigentlich schenkt man sich eher selten Blumen, wenn man auf Reisen ist. Warum eigentlich, macht doch ein frischer Blumenstrauß jedes Hotelzimmer einen Tick wohnlicher? Jeden Tag des Jahres, von morgens früh bis abends spät, bieten die Blumenfrauen auf dem Rathausplatz ihre Blumen und Sträuße an. Am meisten verkauft werden Nelken, die Lieblingsblumen der Spanier, und Rosen, die Lieblingsblumen der verliebten Spanier.
Pl. del Ayuntamiento

Allerlei Trödel

Rastro H 3
Valencias Flohmarkt, der sonntags im Schatten des Mestalla-Fußballstadions an der Avenida de Aragón stattfindet, bietet ehrlich gesagt nicht wirklich Trouvaillen, wird hier doch meistens Trödel verramscht. Aber, wer weiß, vielleicht hat man Glück und findet trotzdem das eine oder andere interessante Objekt.
Pl. Luis Casanova, So vormittags ca. 10–14 Uhr

Für Briefmarken-, Münz- und Fußballfans

Tauschbörse Karte 2, E 4
Ebenfalls am Sonntagvormittag treffen sich – rund um die Plaza Redonda und die historische Seidenbörse – die Briefmarken- und Münzensammler Valencias. Doch keiner ist zu jung, um zu diskutieren, zu tauschen und sogar zu verkaufen, denn dazwischen finden sich auch die Fußballfans ein, um ihre Bildchensammlung von Messi, Christiano und Co. zu vervollständigen.
Pl. Redonda/Pl. del Mercado, So vormittags

G
GITANOS

Im deutschsprachigen Raum mag der Begriff Zigeuner als politisch unkorrekt gelten, sollte präzise mit den Termini Roma oder Sinti gearbeitet werden, in Spanien jedoch sind die Gitanos eine Ethnie mit einer eigenen Kultur und Lebensart. Gitanos sind stolz auf ihre Wurzeln und bezeichnen jene, die nicht zu ihrem Volk gehören, denn auch als *payos,* was so viel wie Bleichgesichter heißt. *Gitanos* und *payos* treffen gerade bei den in Spanien beliebten *mercadillos* aufeinander, Wochenmärkte, auf denen man vor allem Kleidung und Haushaltswaren jeglicher Art kaufen kann. Die Waren werden lauthals angeboten: »Billig, billiger und noch billiger« ist der Lockruf der *gitanas,* die einen mit dem üblichen »Cariño« (Schätzchen) ansprechen und selbstverständlich duzen. Übrigens darf und kann man durchaus versuchen, bei den Preisen zu feilschen. In Valencia finden diese Märkte am immer gleichen Wochentag im immer gleichen Bezirk statt: **Mercadillo de Ruzafa** (E/F 6): Mo; **Mercadillo de Jerusalén** (D 5): Di; **Mercadillo de Mosén Sorell** (Karte 2, D 3): Mi; **Mercadillo de Jesús** (C 7): Sa.

GESCHENKE, DESIGN, KURIOSES

Authentische Miniaturen

De Valencia Karte 2, E 3
Weit entfernt von den klassischen Souvenirshops mit ihren Massenwaren aus China, betreibt Paco Dominguez seit Jahren einen wirklich originellen Laden. Denn unweit der Plaza de la Virgen bietet er eine große Auswahl an Miniaturen von typisch valencianischen Trachten- und Fallasfiguren. Zu seinen Kunden gehören nicht nur Touristen, sondern auch Einheimische, die Freude an den besonders liebevoll, mit viel Humor und bis ins kleinste Detail ausgearbeiteten Figuren haben. Reinschauen lohnt sich, zumal es originelle Mitbringsel sein könnten.
C. Caballeros 7, Mo–Sa 10–14, 17–20 Uhr

Nicht jedermanns Geschmack, und trotzdem

Lladró Karte 2, E 4

1953 gründeten die Brüder Juan, José und Vicente Lladró am Stadtrand von Valencia die gleichnamige Porzellanmanufaktur. Ähnlich wie bei den Meißner Porzellanfiguren lässt sich darüber streiten, ob es Kitsch oder Kunst ist. Tatsache aber ist, dass der Familienbetrieb heute seine Objekte in die ganze Welt exportiert. Ein Auswahl dieser für Valencia typischen Figuren findet sich im Laden nahe dem Palacio de Marques de Dos Aguas. Einfache Lladró-Statuetten sind bereits ab 80 € zu haben, für Porzellanfiguren, die in limitierter Edition hergestellt werden, muss man allerdings tiefer in die Brieftasche greifen. Mindestens 100 000 € sollte man dabei haben, möchte man das teuerste Stück, die »Königin des Nils«, erwerben.

C. Poeta Querol 9, www.lladro.com, Metro 3, 5, 7, 9 Colón, Mo–Sa 10–20 Uhr

Kühlung verschaffen die traditionellen Fächer.

Für Fußballfans ein Muss

Valencia C. F. Fanshop Karte 2, E 5

Im Herzen der Stadt, schräg gegenüber vom Rathaus, bietet der Fanshop des Valencia Club de Fútbol alles, was Fußballfanherzen höherschlagen lässt. Im Erdgeschoss steht eine Vielzahl an Sport- und Laufartikeln zur Auswahl, während sich in der ersten Etage nicht nur die Sportsbar, sondern auch der klassische Merchandisingshop sowie ein Custom Lab befinden, in dem man die erstandenen Produkte auch personalisieren lassen kann.

Av. Marqués de Sotelo 1, www.valenciacf.com/shop, tgl. 10–22 Uhr

Mehr als nur heiße Luft

Nela Karte 2, E 4

Für heiße Sommertage gibt es nichts Besseres, um sich Kühlung zu verschaffen, als die traditionellen *abanicos*. Spanische Fächer sind Modeaccessoires, zum Teil sogar echte, kleine Kunstwerke. Bis zu 1500 € können die handbemalten Exemplare kosten, die Manuela – Nela – Ramón in ihrem kleinen Laden verkauft. Sie bietet aber auch die typischen *mantillas* (geklöppelte Umhänge) an und, dem Zeitgeist entsprechend, auch preiswertere Mitbringsel wie T-Shirts, auf denen der spanische Stier natürlich nicht fehlen darf. Übrigens: Haben Sie gewusst, dass sich Spaniens Omas einst mit einem geheimen Fächercode verständigten? Je nach Haltung des *abanico* gab man zu verstehen, ob man etwa offen für Avancen war.

C. San Vicente Mártir 2, Mo–Fr 10–13.30, 16.15–20, Sa 10–13.30 Uhr

MODE UND ACCESSOIRES

Trendschuhe aus Mallorca

Camper Karte 2, E 4

Boutique der Trendmarke Camper, die ihren Ursprung in einer kleinen Schuhmacherei auf Mallorca hat und heute weltweit ihre Käufer findet. Nicht ohne Grund setzen die spanischen Schuhdesigner auf besonders bequemes und gut verarbeitetes Schuhwerk: Schließlich stammt der Name Camper von *campesino* ab, was so viel wie Landarbeiter bedeutet.

C. Marqués de Dos Aguas 2, www.camper.com, Mo–Sa 10–20.30 Uhr

Das gefällt den Spaniern

Cortefiel Karte 2, E 5

In diesem spanischen Modehaus kleiden sich zahlreiche Spanierinnen und Spanier ein, die einen modern-sportlichen Stil mögen. Hier findet man jene Mode, deren Schnitte, Stoffe und Farben dem mediterranen Geschmack der etwas älteren Generation entsprechen. Bei den Herren etwa das rosa Hemd zum leichten Sommeranzug. Der spanische

Lederwaren, ob Taschen, Schuhe oder Gürtel, dafür ist ganz Spanien bekannt.

Designer Pedro del Hierro hat Zeit seines Lebens den Stil bei Cortefiel geprägt.

Av. Marqués de Sotelo 13, Mo–Sa 10–21 Uhr

Spanischer Designklassiker

Adolfo Domínguez Karte 2, F 5

Der Designer aus der nordspanischen Provinz Galicien gehörte zu den ersten, die im modernen Spanien neue Maßstäbe in der Mode setzten. Heute zählt Adolfo Domínguez zu den Klassikern und ist die Referenz, wenn es sich um schlichte Eleganz handelt. Wohl aus diesem Grund ist der Spanier auf der ganzen Welt nicht nur mit seiner Mode, sondern auch mit seinen Accessoires erfolgreich. Ein Besuch in seiner Boutique lohnt sich für all jene, denen klassische Linien gefallen.

C. Hernán Cortés 12, www.adolfodominguez.es, Mo–Sa 10.30–21 Uhr

Viele schöne Dinge

Perla de Luna Karte 2, E 3

Antonio Escoruela hatte schon immer ein Faible für die schönen Dinge des Lebens. Mit seinem kleinen Laden im Untergeschoss eines Stadtpalastes an der Calle Caballeros hat er ein Kleinod geschaffen, in welchem er eine originelle Kollektion an Mode, Bijouterie und Accessoires zusammengetragen hat, hauptsächlich für Damen, aber auch etwas für Herren. Als Weinliebhaber verkauft er auch ausgewählte Tropfen aus der valencianischen Weinbauregion Utiel-Requena mit so klingenden Erzeugernamen wie Pago de Tharsys oder Bodegas Hispano-Suizas. Sein Laden ist aber gleichzeitig auch eine kleine Kunstgalerie, präsentiert er doch an zwei Wänden Bilder zeitgenössischer, spanischer Maler.

C. Caballeros 20, Mo–Do 11–14.30, 17–21, Fr/Sa 11–23, So 11–21 Uhr

Grande Dame der spanischen Mode

Purificación García Karte 2, F 5

Ebenfalls aus der nordspanischen Provinz Galicien stammt die Modeschöpferin Purificación García, die sich nicht nur in Spanien einen Namen gemacht, sondern auch in Mailand oder Japan wichtige Modeschauen bestritten hat. Heute finden sich ihre Modeboutiquen nicht nur in allen großen spanischen Städten, sondern auch in vielen Ländern Lateinamerikas.

C. Jorge Juan10, www.purificaciongarcia.com, Mo–Sa 10–20.30 Uhr

Nie zu alt für die Fiesta

Die Valencianos sind gern bis spätnachts unterwegs: Sei es, dass man nach dem Abendessen mit Bekannten noch in einer Eisdiele sitzt oder weit nach Mitternacht mit Freunden in einer der vielen Bars der Stadt ein paar Bierchen trinkt.
In den 1980er-Jahren galt Valencia sogar als die Ausgehhauptstadt Spaniens schlechthin: Aus dem ganzen Land reiste das Partyvolk an, um von Donnerstag bis Montag durchzufeiern. Heutzutage geht es geordneter zu, denn bestimmte Lokale müssen bereits um 1 oder 2 Uhr schließen. Viele Nachtschwärmer finden: zu früh! Und trotzdem, es ist schon vorgekommen, dass Touristen enttäuscht in ihr Hotel zurückgekehrt sind, weil sie die Bars und Kneipen menschenleer vorgefunden haben. Nur, um Mitternacht sind die meisten Valencianos – gerade an den Wochenenden – noch beim Abendessen.

Eine der Besonderheiten dieser Stadt ist, dass es Angebote für jedes Alter gibt. Ausgehen ist in Valencia nicht ein Privileg der Jugend, vielmehr kommt hier jeder, der Lust und Energie hat, auf seine Kosten. Es gibt Diskotheken, die vor allem Teenies anziehen und dafür extra alkoholfreie Abende organisieren. Daneben existieren aber nicht wenige Klubs, deren Gäste durchaus zu den älteren Semestern gezählt werden dürfen. Doch es ist eine angenehme Besonderheit, dass sich in den Bars, Pubs und auf den Sommerterrassen von Valencia die Generationen etwas mehr vermischen als in anderen Ländern.

ZUM SELBST ENTDECKEN

Straßenzüge und Bezirke mit einer besonders hohen Lokaldichte nennt man in Valencia *zonas*. Der **Barrio del Carmen** in der Altstadt ist ein solcher Bezirk. Bei **Cánovas** handelt es sich um die Straßenzüge rund um den gleichnamigen Platz an der Gran Via Marqués del Turia, wobei hier in den Bars und Klubs eher die modebewusste Jugend den Ton angibt. Weniger Etikette und mehr lateinamerikanische Musik charakterisiert das Ambiente entlang der **Calle Juan Llorens.** In den Sommermonaten genießen die Valencianos auch gerne die Stimmung in den **Open-Air-Bars** am alten Hafen und entlang der Playa de las Arenas.

Beliebtes Ausgehviertel – der Barrio del Carmen

BARS UND KNEIPEN

Zeitreise in die Vergangenheit

Café de las Horas Karte 2, E 3

Betritt man dieses Lokal, könnte man kurz meinen, aus Versehen in einen der historischen Paläste der Stadt getreten zu sein, denn die in einer Art Fantasiebarock eingerichtete Bar erinnert an einen Salon aus vergangenen Zeiten. Rote Wände, Ölbilder in prächtigen Rahmen, ein schwerer Kronleuchter und eine Decke mit Sichtbalken und goldenen Sternen auf nachtblauem Grund. In der Tat sieht sich das Café der Stunden als eine Mischung aus einem literarischen Café der vorletzten Jahrhundertwende, einem Pariser Bistro und einem englischen Teehaus. Die Musik ist gedämpft, sodass man sich hier bestens unterhalten kann. Bei der großen Auswahl an Cocktails können im Café de las Horas die Stunden wie im Fluge vergehen.

C. Conde de Almodóvar 1, www.cafedelashoras.com, tgl. 10–2 Uhr

Portugal lässt grüßen

La Cooperativa del Mar E 7

In einem der neusten In-Places im Trendbezirk Ruzafa gibt es ausschließlich Fischkonserven aus Portugal, fein säuberlich sortiert und aufgereiht wie einst bei Tante Emma ums Eck. Doch in der Cooperativa trifft man sich nicht nur, um Thunfisch oder Makrelen in kleinen Happen zu verspeisen, sondern auch um Weißwein oder ebenfalls aus Portugal importiertes Super Bock (Bier) zu trinken.

C. Literato Azorín 18, www.lacooperativadelmar.com, tgl. 19–24 Uhr

Klassiker der Cánovas-Ausgehmeile

Café Balli F 5

Mitten in der Calle Conde Altea, an der die Restaurantdichte besonders hoch ist, befindet sich das Café Balli. Und zwar seit einer gefühlten Ewigkeit, weshalb die Bar durchaus zur DNA des valencianischen Nachtlebens gehört. Und sie ist mit ihren Drinks auch weiterhin der Treffpunkt für die Schönen der Stadt. Grund dafür ist sicherlich auch die zentrale Lage, denn das Café Balli bietet sich für einen ersten Drink vor und/oder weiteren Gläschen nach dem Abendessen an. Die wenigen Tische vor dem Lokal sind meist besetzt, denn hier lässt sich das Kommen und Gehen am besten beobachten.

C. Almirante Cadarso 11, http://grupoballi.com, tgl. 9–24 Uhr

Ü ÜBRIGENS

Auf der **Plaza del Negrito** (Karte 2, E 3) plätschert der erste Trinkwasserbrunnen der Stadt, der 1850 eingeweiht worden ist. Vielleicht ist *nomen* eben *omen*, denn dieser Platz hat sich zum Treffpunkt all jener entwickelt, die sich im Barrio del Carmen besonders heimisch fühlen, und sich zu einem Drink treffen wollen. Gleich mehrere Bars und Cafés haben den kleinen Platz mit ihren Tischen und Stühlen in Beschlag genommen.

Die Meeresbrise spüren

Vivir sin Dormir Karte 4, C 4

Bei den Lokalen entlang des Neptuno-Abschnitts des Malvarrosa-Strandes handelt es sich hauptsächlich um Restaurants. Und auch das Vivir sin Domir bietet tagsüber Speisen an. Wirklich bekannt und beliebt ist das Lokal jedoch, wenn es sich gegen Abend in einen Beach Pub & Lounge verwandelt. Dann füllt sich die Terrasse mit Gästen, die zu Musik und Drinks die Meeresbrise genießen wollen. *Vivir sin dormir* bedeutet so viel wie ›Leben, ohne zu schlafen‹. Und dies entspricht durchaus der Philosophie der meisten Gäste: Schlafen kann man, wenn man im Rentenalter ist.

Paseo Neptuno 42, www.vivirsindormir.com, tgl. 9–2 Uhr

Drinnen fast schöner als draußen

Café Infanta Karte 2, D 3

Im Herzen des Barrio del Carmen befindet sich das Café Infanta, in dem man

Klingt harmlos, sieht harmlos aus, hat es aber in sich – Agua de Valencia.

im Winter wie im Sommer gemütlich auf der Terrasse zur Plaza del Tossal hin sitzen kann. Und zwar schon am Nachmittag, nach Feierabend oder bis spät in die Nacht. Es werden zwar Speisen und Tapas serviert, bekannt ist das Café Infanta jedoch für sein *Agua de Valencia,* den typischen Punsch aus Cava, Orangensaft und Hochprozentigem. Setzen Sie sich ruhig auch ins Innere mit den gemütlichen Ecken aus Sichtbackstein und alten Kinoplakaten an den Wänden. Mal schauen, ob Sie das spanische Poster von Heinz Rühmanns Filmkomödie »Charleys Tante« finden?

Pl. del Tossal, tgl. 9.30–2 Uhr

Spanischer 80er-Jahre Sound

Radio Tránsito F 7

Das Radio Tránsito vereinigt gleich zwei typisch spanische Eigenschaften in sich. Einerseits handelt es sich trotz der späten Öffnungszeiten und der durchaus reellen Möglichkeit, dass die Gäste tanzen, nicht um eine Disco sondern um eine der vielen (Tanz-)Bars Valencias. In eine Diskothek geht man erst später und bezahlt dort dann auch Eintritt. Die zweite, spanische Eigenheit dieses Pubs ist die spanische Pop- und Rockmusik der 1980er-Jahre. Egal, wann und wo spanische Popsongs aus der Zeit der *movida* gespielt werden, steigt die Stimmung unter den Gästen unmittelbar.

C. Literato Azorín 6, www.radiotransito.es, Di–Sa 23–3.30 Uhr

LIVEMUSIK

Treffpunkt der Jazzpuristen

Jimmy Glass Jazz Bar Karte 2, D 3

Seit über einem Vierteljahrhundert schon treffen sich die Jazzliebhaber der Stadt in diesem kleinen Laden, um lokalen, aber auch nationalen und internationalen Musikern zu lauschen. Apropos lauschen: Wie bei Jazzpuristen nicht selten, erntet man böse Blicke, wenn man sich während der Darbietungen miteinander unterhält. Die Betreiber des Lokals setzen konsequent auf Livekonzerte: Ihr Ziel ist es, mindestens vier pro Woche durchzuführen, außer während spezieller Konzertzyklen und Festivals, denn dann geht es erst recht ab im Herzen des Barrio del Carmen. Die Musikstile im Jimmy Glass sind so breitgefächert wie der Jazz selbst. Freitags und samstags werden für all jene, die eine Kleinigkeit zu Abend essen möchten, leckere, kleine Fingerspeisen angeboten. In der Regel sind die Konzerte kostenlos, es wird lediglich ein bescheidener Aufpreis auf die Zeche zugeschlagen.

C. Baja 28, www.jimmyglassjazz.net, Di–Sa 21–2.30 Uhr

Pop, Rock, Black Music

Black Note Club J 4

Eigentlich schon eine Institution im Nachtleben der Stadt, befindet sich der Black Note Club etwas abseits der Ausgehmeilen im Zentrum. Entsprechend treffen sich hier vor allem Stammgäste und eingefleischte Musikfans. »Live music round midnight«, lautet der Claim dieses Lokals, welches sich einst auf Black Music fokussierte, heute aber auch Gruppen aus den Bereichen Pop, Rock oder Soul präsentiert. Das Publikum im Black Note ist etwas älter als in normalen Diskotheken, entsprechend locker ist denn auch die Stimmung in diesem Club.

C. Polo y Peirolón 15, www.blacknoteclub.com, Mo–Sa 22–3.30 Uhr

Nicht nur für Verrückte

Loco Club ✪ C 4

Im El Loco treffen sich all jene Musikfans, die verrückt nach Rock'n Roll, Garage oder Indie sind, daher wohl auch der Name des Klubs: Verrückter Klub oder Klub für Verrückte. Das Konzertprogramm im Loco ist zweifelsohne eines der vielfältigsten und unabhängigsten – ganz im Sinne des Indie – in ganz Valencia. Schließlich sehen die Betreiber ihr Lokal auch als verrückt-offenen Raum, weshalb auch Stand-up-Comedians ihren Abend haben oder Jungtalente des Jazz an einem Samstagvormittag ein Matineekonzert geben.

C. Erudito Orellana 12, www.lococlub.org, tgl. 20–3.30 Uhr

So vielfältig wie El Carmen

Radio City ✪ Karte 2, D 3

Es fällt schwer das Radio City einer Kategorie zuzuordnen, ist das Lokal im Herzen der Carmen-Altstadt doch sowohl Bar als auch Konzertsaal, sowohl Theaterbühne als auch Kunstraum. Kurzum, das Radio City ist Synonym für Multikulti und Stilübergreifendes. Entsprechend ist es eines der wenigen Lokale in Valencia, in denen auch der Flamenco seinen Raum findet. Jeweils dienstags finden entsprechende Konzerte und Tanzperformances statt, die ja eigentlich nur in Andalusien zu Hause sind.

C. Santa Teresa 19, www.radiocityvalencia.es, Mo/Di 22–4, Mi/Do 20–4, Fr–So 23–4 Uhr

Jazz mal locker!

Café Mercedes Jazz ✪ E 6

Ein besonders reichhaltiges Programm an Livekonzerten bietet dieses Lokal im Ruzafa-Viertel, wobei es durchaus auch mal Rock, Folk oder Blues sein kann. Das kleine Lokal rühmt sich seiner besonders guten Akustik, beinahe wichtiger ist jedoch das zwanglose, gemütliche Ambiente, das es auszeichnet. In der Regel sind die Konzerte kostenlos, allenfalls bezahlt man einen Aufschlag auf die Rechnung.

C. Sueca 26, ww.cafemercedes.es, Do 20.30–1.30, Fr/Sa 20.30–3.30 Uhr

> **C**
> **CUBATAS**
>
> In den Clubs bestellen die Valencianos meist Longdrinks wie Whisky Cola, Gin Tonic oder Wodka Lemon. Die sogenannten *cubatas* werden in der Regel nach Augenmaß und recht großzügig eingeschenkt. Also Achtung, ein valencianischer Longdrink ist in der Regel mindestens doppelt so stark wie einer in München, Berlin oder Zürich!

TANZEN

Salsa zum Mittanzen

Asucar ✪ C 7

Dank der gemeinsamen Sprache haben in Spanien und in Valencia viele Lateinamerikaner ihre neue Heimat gefunden. Entsprechend sind die Salsaklubs hierzulande einen Tick authentischer als in Mittel- und Nordeuropa. Einer der stimmungsvollsten und meistbesuchten

> **R**
> **RAUCHEN**
>
> In Spanien herrscht in Gebäuden ein generelles Rauchverbot. Da die Valencianos aber sehr gesellige Menschen sind, kann man die Zigarettenpause draußen vor der Tür für einen netten Schwatz nutzen. Man muss nur nach Feuer fragen: »¿Tienes fuego?« Oder, ganz ohne Hemmungen, da dies in Spanien durchaus üblich ist, gleich nach einer Zigarette: »¿Tienes un cigarillo?«

Salsaklubs der Stadt, in dem sich die südamerikanische Gemeinschaft mit den Valencianos, die für lateinamerikanische Rhythmen schwärmen, vermischt, ist das Asucar. Hier kocht die Stimmung nicht nur freitags und samstags über, auch unter der Woche kann man hier das Tanzbein schwingen. Und sollten Sie sich Ihrer Schritte nicht so sicher sein, es finden immer wieder Salsa-Crashkurse statt.

C. Beato Nicolas Factor 12, www.asucar.es, Do–So 23–4 Uhr

Party schon am Nachmittag

Marina Beach Club ✪ Karte 4, C 5
Haben Sie keine Lust, bis zum Sonnenuntergang zu warten, um Strand- und Partystimmung gleichzeitig zu genießen? Dann sind Sie im Marina Beach Club genau richtig. Der Komplex, bestehend aus Restaurants, Strandbar, Pools und Showbühne für die DJ's, befindet sich gleich am Anfang des großen Stadtstrandes. Tagsüber am Pool chillen, abends abtanzen, ist die Devise. Vor allem Freitag- und Samstagnacht treffen sich

THEATER UND KINO, KONZERTE UND OPER

Valencia hat keine großartige **Theater- oder Musicalszene** wie etwa die Hauptstadt Madrid, die Theaterszene wird von drei, vier freien Ensembles bestritten, die ihre Werke auf den Bühnen der Stadt meist im valencianischen Dialekt repräsentieren. Das **Kino** zieht in Spanien nicht nur das jugendliche Popcorn-Publikum an – gerade das spanische Filmschaffen ist bei allen Generationen sehr beliebt. Abgesehen von Starregisseur Pedro Almodóvar und den international bekannten Stars Penélope Cruz und Antonio Banderas kennt man die spanische Filmszene im Ausland allerdings kaum, obwohl sie jedes Jahr eine stattliche Zahl an Produktionen in die Kinos bringt. Wer also Lust auf einheimische Filme hat, der kommt nicht zu kurz.

Sommerkino

Im August organisiert das valencianische Filminstitut in den Jardines del Turia vor dem **Palau de la Música** (✪ H 5, Paseo de la Alameda 30) das jährliche **Sommerkino.** Das Programm kombiniert Klassiker der Filmgeschichte mit neueren Produktionen. Die Filme werden in der Regel zwei, drei Nächte hintereinander gezeigt. Großer Vorteil für die Gäste aus dem Ausland ist, dass viele der Streifen in Originalsprache präsentiert werden. Weitere Informationen gibt es auf der Homepage des Filminstituts: www.ivac.gva.es.

Zwei Paläste für Musik

Wenn es um klassische Musikveranstaltungen jedweder Art geht, so gibt es in Valencia genau zwei Häuser, besser gesagt Paläste. Der **Palau de les Arts Reina Sofía** (✪ J 7, www.lesarts.com) ist das Opernhaus von Valencia. Das spektakuläre Bauwerk birgt vier verschiedene Theater- und Musiksäle, die jedoch nur in unregelmäßigen Abständen bespielt werden. Den Spielplan findet man auf der Website.
Im zweiten Palast, dem bescheideneren **Palau de la Música** (✪ H 5, Paseo de la Alameda 30, Jardines del Turia, www.palaudevalencia.com) schlägt das Herz der valencianischen Musikkultur. Mehr als 300 000 Besucher strömen pro Jahr in die verschiedenen Konzertsäle, allen voran in die Sala Iturbi mit ihren 1800 Plätzen. Das Konzerthaus bietet allen Musikrichtungen und -stilen ein Zuhause: Klassische Ensembles und spanische Popsänger profitieren von der guten Akustik ebenso wie Jazzcombos oder die vielen Marschkapellen der Stadt, die jeweils zur Matinee einladen.
Es lohnt sich also die Website zu besuchen, auch wenn diese nur auf Spanisch und Englisch gestaltet ist.

Keine Disko, es darf aber getanzt werden im Johnny Maracas.

hier die Schönen und Trendies der Stadt, um unter dem Sternenhimmel zu feiern. Im Sommer treten hier immer wieder international renommierte DJ's auf.

Marina Real Juan Carlos I, www.marinabeach.club, tgl. 11–3.30, Pool 11–18 Uhr

Funk trifft Latin trifft …

Johnny Maracas ✪ Karte 2, D 3

So wie bestimmte Musik nie aus der Mode kommt, so ist auch dieser Musik-Pub seit Jahren, wenn nicht Jahrzehnten, der ideale Treffpunkt, um zu Latin- und Funkrhythmen abzutanzen. Aber das Johnny Maracas ist auch bestens geeignet, um den Nachtbummel durch das Carmen-Altstadtviertel mit einem Mojito oder einer Caipirinha abzuschließen. Allerdings sollte man schon bereit sein, mit den anderen Gästen ins Gespräch zu kommen, ist es doch oft bis zum Brechen voll. Grund dafür: Die Valencianos mögen gute Partystimmung, und die ist hier an den Wochenenden garantiert. Und da kein Eintritt verlangt wird, lohnt es sich, hier mal reinzuschauen!

C. Caballeros 39, https://www.facebook.com/johnny.maracas, Fr/Sa 23–3 Uhr

Open Air mitten in der Stadt

Terraza L'Umbracle ✪ J 8

In den Sommermonaten, also etwa zwischen Mai und Mitte Oktober, verwandelt sich der Palmengarten im Arkadengebäude der Stadt der Künste und der Wissenschaften in eine weitläufige Musikterrasse und Open-Air-Disko. Hier bringt es der Begriff Chill-out bestens auf den Punkt: Gemütliches Abhängen in einem einmaligen, architektonischen Umfeld und unter freiem Himmel. Während der kühleren Monate steigt die Party in der kleinen MYA Diskothek im Untergeschoss des Umbracle-Gebäudes (selbe Betreiber).

Ciudad de las Artes y las Ciencias, Av. del Saler 5, www.umbracleterraza.com, Do–So 18–7 Uhr

Hier trifft sich die Szene

Deseo 54 ✪ E 1

Musikalisch zwischen Techno und House, wird in diesem Nachtklub nicht nur getanzt, sondern richtig abgefeiert. Bei opulent geschmückten Themenabenden trifft sich nicht nur die Gay-Szene Valencias zu rauschenden Partys.

C. Pepita 15, www.deseo54.com, Fr/Sa und Fei 1.30–7.30 Uhr

Hin & weg

ANKUNFT

… mit dem Flugzeug
Valencias Flughafen liegt nur 10 km vom Stadtzentrum entfernt im Vorort Manises. Die beiden Hauptbahnhöfe der Stadt liegen im bzw. am Rand des Stadtzentrums.

Aeropuerto de Valencia (VLC)
🕮 Karte 3
Carretera del Aeropuerto s/n
www.aena.es/es/aeropuerto-valencia/valencia.html

Mit der Metro in die Stadt: Die Metrolinien 3 und 5 verbinden den Flughafen mit dem Zentrum Valencias, wobei die beiden Haltestellen Xátiva oder Colón im Herzen der Stadt liegen. Die Fahrt dorthin dauert rund 20 Min. und kostet 3,90 €, die Hin- und Rückfahrt 7,40 €. Hinzu kommt eine Gebühr von 1 € für die wiederaufladbare Metrofahrkarte.

Mit dem Taxi in die Stadt: Wenn Sie nicht mehr als vier Personen sind und entsprechend viel Gepäck haben, so kann sich auch ein Taxi lohnen. Eine Fahrt ins Zentrum kostet je nach Verkehrsaufkommen 25–30 €. Allerdings sollte Ihnen bewusst sein, dass nur wenige Taxifahrer Englisch sprechen, von Deutsch ganz zu schweigen.

Estación del Norte 🕮 E 5
C. Játiva, Metro 3, 5, 9 Xàtiva
Nahverkehrsbahnhof im Stadtzentrum. Gratis-Shuttlebus zur Estación Valencia Joaquín Sorolla, Fahrzeit knapp 5 Min.

Estación Valencia Joaquín Sorolla
🕮 D 7
C. San Vicente Mártir, Metro 1, 2, 7 Jesús
Fernverkehrsbahnhof mit AVE-Hochgeschwindigkeitszügen nach Madrid und Andalusien sowie Euromed-Verbindung nach Barcelona und Alicante.

Infos zu Zugverbindungen in Spanien: www.renfe.es

… mit dem Flugzeug
Wer mit dem eigenen Pkw in Spanien unterwegs ist und nach Valencia hineinfahren möchte, der sollte wissen, dass der Verkehr durchaus den Vorstellungen vom südländischen Temperament entspricht. Rote Ampeln werden immer wieder als Empfehlung anstatt als Regel verstanden und auch das Tempolimit wird nicht nur von den Motorrädern nicht so ernst genommen. Am besten stellen Sie Ihr Auto in einem der unterirdischen Parkhäuser ab und machen sich zu Fuß auf den Weg. Beachten Sie dabei, dass Sie keine Wertgegenstände sichtbar in Ihrem Wagen hinterlassen.

INFORMATIONSQUELLEN

www.visitvalencia.com: Die Website des städtischen Tourismusbüros (Oficina de Turismo) bietet viele Informationen in deutscher Sprache, Ratschläge und Tipps zu aktuellen Angeboten oder Ausflügen, auch Hotelbuchungen.

www.comunitatvalenciana.com: Wenn Sie Ihren Valencia-Besuch zeitlich und geografisch ausdehnen möchten, ist die Website der regionalen Tourismusbehörde sicherlich eine interessante Ergänzung. Hier finden Sie Informationen über das reiche Urlaubsangebot inklusive Destinationen im Hinterland oder entlang der Costa Blanca.

www.mit-daniel-in-valencia.com: Unterhaltsame Spaziergänge durch seine spanische Heimatstadt bietet der Autor dieses Bandes an, sozusagen als Live-Ergänzung zu den geschriebenen Texten und Infos.

www.guiadelocio.com/valencia-valencia: Veranstaltungskalender mit Informationen zu Theater, Kino, Restaurants und aktuellen Anlässen, allerdings ausschließlich in spanischer Sprache

Tourist-Infos
Valencia Aeropuerto 🕮 Karte 3
Ankunftshalle des Flughafens, Carretera del Aeropuerto 5, T 961 53 02 29, Mo–Fr 8.30–20.20, Sa/So 9.30–17.20, Fei 9.30–14.20 Uhr

Valencia Paz 🗺 Karte 2, F 4
C. de la Paz 48, T 963 98 64 22, Mo–Sa 9–18.50, So/Fei 10–13.50 Uhr
Valencia City Hall 🗺 Karte 2, E 4/5
im Rathaus, Pl. del Ayuntamiento 1, T 963 52 49 08, Mo–Sa 9–18.50, So/Fei 10–13.50 Uhr
Valencia Estación Tren Joaquín Sorolla 🗺 D 7
C. de San Vicente Mártir 171, Metro 1, 2, 7 Jesús, T 963 80 36 23, Mo–Fr 10–17.50, Sa/So/Fei 10–14.50 Uhr
Alle vier Tourist-Infos sind am 1. und 6. Jan. sowie am 25. Dez. geschl.

TOURIST CARD

Freie Nutzung des öffentlichen Nahverkehrs im ganzen Stadtgebiet, inklusive der Metro vom/zum Flughafen, kostenloser Eintritt in die städtischen Museen und bis zu 50% Rabatt auf verschiedenste touristische Angebote bietet die **VLC Tourist Card** (www.valenciatouristcard.com). Diesen Gästepass mit drei Gültigkeitsdauern: 24 (15 €), 48 (20 €) oder 72 Std. (25 €) kann man bei den Tourist-Infos vor Ort erwerben oder Sie laden sich die entsprechende App über die Homepage runter.

GELD

Bei der Verwendung von **Kreditkarten** kann es vorkommen, dass man Sie um Vorlage des Personalausweis bittet. In zahlreichen Geschäften werden 100- oder 200-Euro-Scheine ungern oder gar nicht angenommen. Es empfiehlt sich daher, beim **Geldabheben an Automaten** die Taste »Gemischte Noten« zu drücken.

REISEN MIT HANDICAP

http://www.visitvalencia.com/guia-accesible: Auf dieser Seite finden sich Infos zur Barrierefreiheit in der Stadt und weiterführende Links auf Spanisch und Englisch.

SICHERHEIT UND NOTFÄLLE

Achten Sie darauf, dass Sie gerade bei großen **Menschenansammlungen** wie etwa den Märkten ihre Handtasche geschlossen halten, lassen Sie auch ihr Gepäck nie unbeaufsichtigt rumstehen. Nach Einbruch der Dunkelheit ist ein Spaziergang im **Turia-Flusspark** vielleicht nicht gerade das Empfehlenswerteste. Die spanische Sozialversicherung bietet allen Besuchern aus der EU und der Schweiz eine kostenlose **Notfallversorgung** bei Krankheit und Unfall. Dennoch sollte eine aktuelle Europäische Krankenversicherungskarte mitgeführt werden, da sie stets vorgewiesen werden muss.

Allgemeine Notfallnummer: 112
Lokalpolizei: 092
Notfallapotheken: Gerade im Zentrum der Stadt gibt es zahlreiche Apotheken, die bis spät am Abend und auch sonntags geöffnet haben.

Diplomatische Vertretungen
Deutsches Honorarkonsulat: T 963 10 62 53, www.spanien.diplo.de
Österreichisches Honorarkonsulat: T 963 52 22 12, www.bmeia.gv.at
Schweizer Generalkonsulat: in Barcelona, T 934 09 06 50, www.eda.admin.ch

UMWELTFREUNDLICH UNTERWEGS

Metro, Tram und Bus
Metro: Das Tram- und U-Bahn-Netz von Valencia besteht aus einigen wenigen Linien, die vor allem Vororte und Zentrum miteinander verbinden. Die Metro (www.metrovalencia.es) ist somit ideal, um vom Flughafen ins Zentrum oder vom Zentrum an den Strand zu kommen. Die Ticketpreise richten sich nach Zonen (A, B, C, D), 1 Zone 1,50 €, 2 Zonen 2,80 €. 4 Zonen 3,90 €. Es gibt eine wiederaufladbare 10er-Karte (Gebühr 1 bzw. 2 €), den Bonometro (erhältlich an Automaten in den Stationen, bei Tabak- und Zeitungskiosken), dessen

Preis ebenfalls nach Zonen gestaffelt ist (7,20 €, 10,40 €, 14 €, 20 €).

Bus: Ein weitverzweigtes Streckennetz hingegen bieten die städtischen Verkehrsbetriebe **EMT Valencia** (Empresa Municipal de Transportes de Valencia, www.emtvalencia.es) mit ihren roten Bussen. **Einzelfahrscheine** kosten 1,50 € und sind direkt beim Fahrer erhältlich, man sollte aber unbedingt Kleingeld bereithalten. Am besten jedoch kauft man sich eine wiederaufladbare 10er-Karte, einen sogenannten **Bonobús.** Den Bonobús erhält man für 8 € in den Tabakläden *(estanco)* und Zeitungskiosken, wo man die Karte auch wieder aufladen kann. Die Chipkarte kostet zwar 2 €, die Fahrten sind unterm Strich jedoch günstiger und mit ihr erspart man sich das Kramen nach Kleingeld.Die **Busse** verkehren tgl. 6.30–22.30 Uhr, Mo–Fr durchschnittlich alle 8–9 Min., Sa/So/Fei 4–5 x/Std. Ab 23 bis ca. 2.30 Uhr verkehren zehn **Nachtbuslinien.** Während der Sommermonate (Mitte Juni–Mitte Sept.) gibt es spezielle **Strandbuslinien,** die vom Zentrum an den Malvarrosa-Strand fahren. Am einfachsten ist die Benutzung der Buslinien, welche die drei **Ringstraßen** befahren. Geradezu ideal ist die **Linie 5,** die das historische Zentrum und die Innenstadt im Uhrzeigersinn umkreist. Mit dieser Buslinie (Calle Colón, Guillém de Castro, Jardín del Turia) erreicht man praktisch alle wichtigen Sehenswürdigkeiten. Die **Linien 79** und **80** fahren den zweiten Ring entlang der großen *avenidas* (Marqués del Turia, Ramón y Cajal, Fernándo el Católico) sowie entlang der gegenüberliegenden Seite der Jardines del Turia. Die Linie 80 fährt im, Linie 79 gegen den Uhrzeigersinn. Der äußere Ring (Avenidas Peris y Valero, Pérez Galdós, Peset Alexandre und Primado Reig) wird von den **Linien 89** und **90** bedient.

Taxi

Taxifahren ist in Valencia relativ günstig. Bei maximal vier Gästen pro Taxi lohnt sich dieses Verkehrsmittel durchaus. Um ein freies Taxi anzuhalten, reicht es, den Arm auszustrecken. Freie Taxis erkennt man an der grün leuchtenden Pilotlampe. Entlang der Calle Colón gibt es mehrere feste Taxistandplätze, wo diese auf ihre Fahrgäste warten. Es gibt drei unterschiedliche **Tarife,** alle werden über **Taxameter** abgerechnet. **Tarif 1:** Stadt Valencia, 6–22 Uhr, Grundpreis 1,45 €; **Tarif 2**: Stadt Valencia 22–6 Uhr, Grundpreis 2 €, Mindestpreis 4 € bzw. 6 €; **Tarif 3:** Kein fester Grundpreis, Stadt Valencia an Sonn- und Feiertagen und bei Fahrten über die Stadtgrenze hinaus (z. B. zum Flughafen; Mindestpreis 6 €).

Fahrrad

Mag sein, dass die Fahrradwege und -spuren in Valencia nicht auf dem Niveau von Amsterdam oder Freiburg im Breisgau sind, die Akzeptanz und der Respekt bei den motorisierten Verkehrsteilnehmern nehmen jedoch ständig zu.

Valenbisi: www.valenbisi.com. Ein Meilenstein für dieses Umdenken war die Einführung dieses von der Stadt betriebenen Fahrrad-Sharing-Systems. Mit dem entsprechenden Abonnement, ein **7-Tage-Pass** kostet 13,30 € (Aktivierung per Kreditkarte an der Dockingstation; Menüführung auch auf Deutsch; es gibt auch Jahresabos) kann man sich an einer der über 270 Dockingstationen ein Fahrrad schnappen und damit von A nach B fahren. Dafür hat man 30 Min. Zeit, erst danach fallen Mehrkosten an: für die ersten 30 Min 1,04 €, danach wird stündlich abgerechnet, 3,12 €/ Std. Dockt man aber sein Valenbisi nach 29 Min. wieder an, so kann man einfach ein neues Fahrrad nehmen und erneut eine halbe Stunde ohne Aufpreis weiterstrampeln.

Fahrradverleih: Mit steigender Nachfrage nach Fahrrädern gibt es immer mehr Unternehmen, die diese stunden-, tage- und wochenweise vermieten. Die beiden im Folgenden genannten Anbieter bieten darüber hinaus auch Radtouren an.

DoYouBike: http://doyoubikerental.com, C. de la Sangre 9 (🕮 Karte 2, E 4), T 963 38 70 08, Metro 3, 5, 9

Xàtiva; C. del Mar 14 (🕮 Karte 2, E 4), T 963 15 55 51, Metro 3, 5, 7, 9 Colón; Av. del Puerto 141, 🕮 Karte 4, außerhalb Aa 5), T 963 37 40 24, Metro 5, 7 Ayora; jeweils tgl. 9.30–14, 17–20.25 Uhr. Die Preise variieren je nach Saison, Wochentag und Mietdauer. In der Hauptsaison kostet ein ›normales‹ Rad Mo–Fr 3 €/Std.,9 €/Tag, 16 €/2 Tage, 21 €/3 Tage, 35 €/Woche.
Valencia Bikes: C. de la Tapineria 14 (🕮 Karte 2, E 3), Paseo Pechina 32 (🕮 B 3), Metro 1, 2 Túria, C. Cuba 24 (🕮 E 6), tgl. 9.30–18 Uhr. 5 €/Std., 10 €/4 Std., 15 €/24 Std. Für Unzertrennliche werden Tandems angeboten und für Bequeme E-Bikes.
Immer mehr **Hotels** verleihen Fahrräder an ihre Gäste. Da ihre Zahl limitiert ist, empfiehlt sich eine Reservierung bereits bei der Hotelbuchung respektive beim Einchecken.

Motorroller

Wer einen Motorroller mietet (tageweiser Verleih) muss wissen, dass im valencianischen Stadtverkehr die Regel des Stärkeren gilt, der Rechtsvorrang wird eher selten beachtet. Neu ist, dass man im Zentrum nicht mehr auf dem Bürgersteig parken darf. Die Bußgelder können saftig sein!
Cooltra: C. del Mar 54 (🕮 Karte 2, F 4), www.cooltra.com (auch auf Deutsch), T 963 39 47 51. Es gibt Roller mit 50 ccm und 125 ccm, Tagespreis ab 32 €.
Elektro-Roller: Wenn Sie länger in Valencia bleiben, könnte Sie das E-Roller-Angebot von www.muving.com interessieren: Rund 170 gelbe Elektroroller sind über der Stadt verteilt, gebucht wird per App. Abgerechnet wird pro Minute (0,21 € Fahrt, 0,10€ Stillstand).

Segway

Segway Valencia: C. Gobernador Viejo 8 (🕮 Karte 2, F 3), T 963 92 48 14, 658 17 05 25, www.segwayvalencia.com, Mo–Fr 9–14, 16–19, Sa 10–14 Uhr. Angeboten werden verschiedene Touren, etwa Valencia Histórica (6 km/1 Std.), Valencia Millenium (10 km/2 Std.) etc., mit Einweisung ins Gefährt. Führung auf Englisch, deutschsprachiger Führer kann für eine Gruppe gebucht werden. Mindestteilnehmerzahl 2 Pers.

HOP-ON-HOP-OFF-STADTRUNDFAHRT

Valencia Bus Turistíc: www.valenciabusturistic.com, 24-Std.-Ticket 17 € (mit Valencia Card 15 €; 7–16 Jahre 10 €), 48-Std.-Ticket 19 € (7–16 Jahre 11 €). Drei verschiedene Hop-on-Hop-off-Routen bieten eine interessante Möglichkeit sich einen Überblick über Valencia zu verschaffen. Die **Ruta A Histórica** startet an der Plaza de la Reina und führt durchs Zentrum der Stadt, u. a. am Turia-Flusspark entlang. Am selben Ort fährt auch die **Ruta B Marítima** ab, die über die Stadt der Künste und der Wissenschaften hinaus zum Hafen fährt. Wer gerne das Naturschutzgebiet der Albufera mit seinem Süßwassersee und den Reisfeldern kennenlernen möchte, der entscheidet sich für die **Ruta V Albufera.**

IN SEE STECHEN

Vom alten Hafenbecken aus kann man Ausflüge aufs Mittelmeer unternehmen.
Mundomarino: Katamaran am Fuß des Veles-e-Vents-Gebäudes (🕮 Karte 4, Ba 5), www.mundomarino.es, Febr.–Okt. Verschiedene Segeltörns je nach Saison, im Sommer natürlich mit Bademöglichkeiten im Meer, Tickets vor Ort (1 Std., 15 €, Kinder 4–10 Jahre 9 €). Beliebt sind die Sonnenuntergangsfahrten (19.30/20 Uhr, ca. 1,5 Std., Erw./Kinder 4–10 Jahre 22 €/14 € inkl. 1 Glas Cava bzw. Erfrischungsgetränk).
Boramar: Büro: Tinglado 2, Puerto de Valencia (🕮 Karte 4, A 5), www.boramar.net. 50-Min.-Tour mit dem bequemeren Katamaran Dama de Valencia, Erw./Kinder 3–12 Jahre 15/9 € (Glas Wein und Miesmuscheln inkl.). Das Schiff liegt unweit des Büros und des Edificio de Reloj, des Hafengebäudes mit der Turmuhr.

O-Ton Valencia

buenos días / bon día

Guten Tag
auf Spanisch / Valencianisch

¡CHÉ!

Na, aber hallo!
Nur in Valencia verwendet, daher nennt man im Rest Spaniens die Valencianos auch Chés.

¡Amunt Valencia!

Vorwärts, Valencia!
Wird nicht nur bei Spielen des FC Valencia verwendet.

GRACIAS

danke

¡HASTA LUEGO!

Bis später!
Entspricht dem deutschen Tschüss und kann immer und überall verwendet werden.

¡Vale!

Es gilt!
Entspricht dem neudeutschen Okay

¿Quién es el último?

Wer ist der Letzte?
Fragt man die Warteschlange, wenn man einen Laden betritt.

¡A fer la ma!

Wenn die Valencianos jemanden zum Teufel wünschen, dann mit diesem Dialektausdruck.

una caña y un doble

ein Rohr und ein Doppeltes
ein kleines und ein großes Bier (vom Fass)

¡AU!

Klingt wie ein (deutscher) Schmerzensschrei, ist aber Valencianisch und bedeutet: Na dann mal los …!

¡SALUT Y FORÇA AL CANUT!

Gesundheit und Kraft für die Geldbörse!
Glück auf!

Das Klima im Blick
Reisen bereichert und verbindet Menschen und Kulturen. Wer reist, erzeugt auch CO_2. Der Flugverkehr trägt mit bis zu 10 % zur globalen Erwärmung bei. Wer das Klima schützen will, sollte sich – wenn möglich – für eine schonendere Reiseform entscheiden oder die Projekte von atmosfair unterstützen. Flugpassagiere spenden einen kilometerabhängigen Beitrag für die von ihnen verursachten Emissionen und finanzieren damit Projekte in Entwicklungsländern, die dort den Ausstoß von Klimagasen verringern helfen (www.atmosfair.de). Auch die Mitarbeiter des DuMont Reiseverlags fliegen mit atmosfair!

Abbildungsnachweis

AKG-Images, Berlin: S. 48 (Garozzo)
Caro Hotel, Valencia: S.86
Javier Ballester, Valencia: S. 95
DuMont Bildarchiv, Ostfildern: S. 26
Fotolia, New York: S. 23 u. (Balaguer); 53 (Belich); 106 (efesan); 4 u. (Lipskiy); 23 o. (fusolino); 31 (Pabkov); 30 (Topchii)
Getty Images, München: S. 120/6 (Alvarez); Umschlagklappe hinten (Atlantide Phototravel); 120/5 (Cuadra); 85 (Dominic Dähncke Photography); 40, 93 (Dydynski); 98 (Elms); 81 (Jordan); 120/4 (Samano); 28/29 (Segre); 109 (Lonely Planet)
Monika Gumm, Hamburg: S. 7, 14/15, 61, 62, 63, 64, 89, 96, 104
iStock.com, Calgary: S. 8/9 (Didenko); 21 o. (Fawcett); 21 u. (Garcia Martin); 99 (NoDerog); 33 (Veress)
Daniel Izquierdo Hänni, Valencia: S. 12/13, 43, 52, 54, 57 u., 58, 84, 100
Laif, Köln: S. 120/2 (Heinemann); 20, 24 (Knechtel); 102 (REA/Guittot)
Look, München: S. 36 (Johaentges); 103 (Pompe)
Mauritius Images, Mittenwald: S. 32 (age/Azumendi); 77 (Alamy/Bennett); 57 o. (Alamy/Cameron); 90 (Alamy/ESP/Noyce); 35 o. (Alamy/Ferguson); 39, 45, 47, 55, 69, 78/79 (Alamy/Foy); 66 (Alamy/Linssen); 120/7 (Alamy/speedpix); 42, 50, 80 (Alamy/Vallecillos); 35 u. (dieKleinert/Lang); 46 (Fuste Raga); 120/1 (United Archives)
Picture Alliance, Frankfurt a. M.: S. 16/17, 120/8 (dpa/Bruque); 120/9 (Reuters/Kalis)
VLC Turismo, Valencia: Titelbild, Faltplan, S. 70; 4 o., 74, 82 (TVCB)
Wikimedia Commons: S. 120/3 (CC-PD)
Zeichnungen: S. 2, 11, 25, 34, 49, 71, Umschlagklappe vorn (Konopik)
Zeichnung S.5: Antonia Selzer

Kartografie

DuMont Reisekartografie, Fürstenfeldbruck

Umschlagfotos

Titelbild: Scheint im Wasser zu schwimmen – Hemisfèric in der Ciudad de las Artes y las Ciencias
Umschlagklappe hinten: Artista Fallero bei der Arbeit. Alljährlich werden neue Fallas-Monumente erschaffen – um nach Ende des Festes in Flammen aufzugehen

Hinweis: Autor und Verlag haben alle Informationen mit größtmöglicher Sorgfalt geprüft. Gleichwohl sind Fehler nicht vollständig auszuschließen. Alle Angaben erfolgen ohne Gewähr. Bitte schreiben Sie uns! Über Ihre Rückmeldung zum Buch und Verbesserungsvorschläge freuen sich Autor und Verlag:
DuMont Reiseverlag, Postfach 3151, 73751 Ostfildern,
info@dumontreise.de, www.dumontreise.de

FSC
www.fsc.org
MIX
Papier aus verantwortungsvollen Quellen
FSC® C124385

2., aktualisierte Auflage 2019

Autor: Daniel Izquierdo Hänni
Redaktion/Lektorat: Britta Rath, Sebastian Schaffmeister
Bildredaktion: Stefan L. Scholtz
Grafisches Konzept: Eggers+Diaper, Potsdam
Printed in China

Kennen Sie die?

Papst Alexander VI.
1431 geboren als Roderic Llançol i de Borja und damit Angehöriger des Borgia-Clans, der aus der valencianischen Provinz stammt. Von 1492 bis 1503 Papst.

Santiago Calatrava
Stararchitekt mit Weltruhm. Wohnt zwar in Zürich, kommt aber aus Valencia, wo er auch studiert hat.

Joaquín Sorolla
Der bekannteste Maler der Stadt (1863–1923). Seine Gemälde sorgten 1910 sogar in New York für große Aufmerksamkeit.

Joaquín Rodrigo
Sein »Concierto de Aranjuez« ist einer der meistgespielten spanischen Klassik-Klassiker. 1901 in Sagunto (Provinz Valencia) geboren, starb er 1999 in Madrid.

Sole Giménez
Popstar der 1980er-Jahre, heute solo als Sängerin Fixstern am spanischen Musikhimmel. In Paris geboren, lebt sie seit 1981 in Valencia.

Arturo Valls
Der in Valencia geborene TV-Unterhalter bringt das ganze Land mit seinen Shows und Auftritten zum Lachen..

Manolo el del Bombo
Manuel Cáceres (geb.1949 in der Provinz Ciudad Real) hat sich mit seiner Pauke als Fußballfan Nummer eins Weltruhm verschafft und lebt in Valencia.

Juan Roig
Der Gründer der Mercadona-Supermarktkette hat sich in 30 Jahren von null zu einem der reichsten Spanier emporgearbeitet.

Mónica Oltra
Die Vizepräsidentin der Comunidad Valenciana wurde in Neuss geboren. Während der Fallas-Fiestas tritt sie auch schon mal in Tracht vor die Medien.